Jacques Lemoyne de Morgues

La Colonia Francesa de Florida

(1562-1565)

Traducción, Introducción y Notas
Jean-Paul Duviols

ဣ - STOCKCERO - ဣ

Foreword, bibliography & notes © Jean-Paul Duviols
of this edition © Stockcero 2012
1st. Stockcero edition: 2012

ISBN: 978-1-934768-58-7

Library of Congress Control Number: 2012954148

Set in Linotype Granjon font family typeface
Printed in the United States of America on acid-free paper.

Published by Stockcero, Inc.
3785 N.W. 82nd Avenue
Doral, FL 33166
USA
stockcero@stockcero.com

www.stockcero.com

Jacques Lemoyne de Morgues

La Colonia Francesa de Florida

(1562-1565)

Índice

Breve historia de la Florida Francesa

A mediados del siglo XVI, los españoles se habían adueñado de las islas del Caribe, habían conquistado el imperio azteca y el imperio inca, pero parecían no preocuparse de la cercana Florida. Después de varias intentonas de colonización, habían abandonado cualquier proyecto de conquista. No tanto porque les pareciera de escaso interés sino más bien a consecuencia de repetidos fracasos, resolvieron de que no pasaba de ser una tierra inhóspita, poblada de indios peligrosos.

Sin embargo, la Florida siempre había ejercido cierta fascinación, como todos los territorios de difícil acceso, llegando a ser una tierra de leyendas. En busca de la Fuente de la Eterna Juventud o de minas de oro, no faltaron atrevidos capitanes para organizar expediciones que salieron de Cuba hacia el Norte. Entre ellos, los famosos Juan Ponce de León, Pedro de Quejo, Lucás Vázquez de Ayllón, Pánfilo de Narvaez, Hernando de Soto, Alvar Núñez Cabeza de Vaca, Tristán de Luna, fracasaron o perecieron en sus quiméricas expediciones.

Fue durante la primera semana de abril de 1513 cuando Juan Ponce de León atracó en las costas de Florida, así llamada porque fue descubierta el día de Pascuas floridas. En seguida, se enfrentó con indios belicosos y tuvo que volver a su punto de partida o sea la isla de San Juan de Puerto Rico, sin que consiguiera penetrar tierra adentro. Sin embargo, reclamó toda esta tierra para la Corona de España. A pesar de aquel fracaso inicial, Ponce de León organizó una segunda expedición de colonización, con dos barcos y unas doscientas personas en 1521, pero cuya meta principal para él era la leyendaria Bimini, fuente mítica en la que esperaba rejuvenecerse. Se encontró de nuevo con un grupo de indios Calusa los cuales, no sólo resistieron sino que tomaron la ventaja y le hirieron con una flecha enveneneda. Entonces, Ponce de León dio media vuelta y murió seguidamente en la isla de Cuba. Durante unos cuarenta años, todas las expediciones españolas fracasaron y nadie consiguió la eterna juventud. Por lo cual en 1561, la Corona de España postergó sus ambiciones coloniales, considerando además que tales territorios no brindaban ninguna ventaja económica. A pesar de todo, el rey Felipe II consideraba que la América del Norte en su integralidad era una dependencia de la Nueva España.

El tratado de Tordesillas (1494) que repartía los territorios del Nuevo Mundo entre España y Portugal, fue siempre rechazado por la Corona de Francia. El rey Francisco Iro. rival de Carlos Quinto, consideró tal decisión papal como inicua y sin valor. En una frase célebre, expresó su resentimiento y dejaba entrever sus pretensiones coloniales:

> «Me gustaría que me enseñaran la disposición del testamento de Adán que partió el Nuevo Mundo a beneficio de mis hermanos Carlos V y el rey de Portugal».

A consecuencia de las exploraciones de Jacques Cartier y de Jean-François de Roberval, se instaló progresivamente una colonia francesa duradera (la Nueva Francia), en la región del Quebec. En cuanto a la «Francia Antárctica», primer intento del Almirante Gaspar de Coligny de fundar un establecimiento en el Nuevo Mundo, esa experiencia tuvo una existencia efímera. En efecto, las tropas portuguesas expulsaron los colonos franceses que se habían instalado en la magnífica bahía de Guanabara (actual Río de Janeiro) (1555-1557), mandados por Nicolas Durand de Villegagnon.

Cuatro años después de tan desastroso fracaso, de Coligny no se desanimó y escogió el territorio abandonado de la Florida en su parte septentrional, o sea la actual Carolina del Sur, para instalar una nueva colonia en el Nuevo Mundo. La mayoría de los colonos que se alistaron para aquella aventura eran calvinistas. La Florida constituía un lugar estratégico a partir del cual se podía paralizar la circulación de los galeones españoles de la carrera de Indias, pues el Almirante sabía que un conflicto con la España católica de Felipe II era inevitable. Esta empresa colonial se podía definir también como un exilio voluntario de muchos hugonotes, en busca de nuevos territorios alejados de las persecuciones que padecían en Francia de modo reiterado por parte del partido católico. Es éste, un aspecto fundamental de dicha experiencia.

Primera expedición *(18 de febrero de 1562- abril de 1563)*

Zarparon dos barcos del puerto de Le Havre el 18 de febrero de 1562, mandados por Jean Ribault, capitán hugonote y piloto experimentado originario del puerto de Dieppe. Entre los 150 hombres que formaban la tripulación, se embarcaron el oficial René Goulaine de Laudonnière y el pintor Jacques Le Moyne de Morgues. Después de dos meses de navegación, arribaron el primer día de mayo a la desembocadura de un río que llamaron río de Mayo (Saint-John's River). Para afirmar su dominio sobre la región, Ribault mandó erigir una estela de piedra sobre la cual había hecho grabar el escudo real de Francia. Luego, los dos navíos siguieron la costa hacia el Norte y dieron nombres franceses a los ríos que encontraban: el río Sena (Saint Mary Sound), el río Somme (Saint Andrew Sound), el río Loira (Saint Simon Sound), el río Charente, el río Garonne, el rio Gironde, etc. Ribault hizo edificar un fuerte cerca de la desembocadura de un río en un islote llamado Port-Royal, donde podían atracar los barcos. Le dio el nombre de Fort Charles, en honor del Rey de Francia Charles IX. Ribault y Laudonnière siguieron explorando la región, después de dejar veintiocho hombres en Fort Charles bajo el mando de Albert della Pierria. Decidieron poco tiempo después volver a Francia para dar noticia de su descubrimiento y mandar refuerzos a sus compañeros de Fort Charles. Llegaron a Dieppe el 20 de julio de 1562. La guerra civil se había intensificado entre católicos y protestantes y Ribault tuvo que exilarse a Inglaterra, donde publicó el relato de sus aventuras (*The Whole and true Discovery of Terra Florida*. London, 1563), que despertó el interés de la reina Elizabeth I.

En los nuevos territorios descubiertos, Ribault había decidido mantener un trato amistoso con todos los grupos indígenas que encontraba. Esta política le permitió gozar de cierta tranquilidad y tener el beneficio de la ayuda material de las tribus vecinas. A pesar de todo, los franceses instalados en Fort-Charles se encontraron rápidamente con problemas de alimentación. En efecto, no se habían preocupado de cultivar las tierras sobre las cuales se habían instalado. Lo mismo que los españoles en el Río de la Plata, o que los franceses en la bahía de Guanabara —algunos de ellos habían ya participado a dicha aventura—, no se animaron a aprovechar las posibilidades que ofrecía una tierra fértil y después de varias solicitaciones, los indios se cansaron de proveer a las necesidades de la guarnición. Albert della Pierra ejerció un mando tiránico. Hizo ahorcar a un soldado, llamado Guernache y abandonó en una isla a un tal La Chère, el cual fue salvado por sus compañeros. A consecuencia de tales decisiones, éstos se alzaron contra su autoridad y lo mataron. Mandados por Nicolás Barré, abandonados, incapaces de aprovechar la fertilidad del suelo, los veintisiete soldados decidieron construir un barco para salir al mar. Los indios les ayudaron en su difícil empresa, pues no disponían de herramientas ni de velas. Consiguieron zarpar, pero se encontraron perdidos en el océano y en una zona de calmas que no les permitía progresar con sus velas fabricadas con sábanas. Para no morir de hambre, tomaron la extraordinaria decisión, de practicar la antropofagia para sobrevivir. Echaron la suerte, midiendo pajitas y la víctima fue el desgraciado La Chère. Laudonnière relata así ese episodio memorable:

> «Después de navegar la tercera parte de la distancia (hasta Francia) les sorprendió una aburrida bonanza y en tres semanas progresaron solamente de veinticinco leguas. Mientras tanto, menguaron los víveres y llegaron a tan poca cosa que se vieron en la obligación de que cada uno no comiese más de doce granos de mijo al día. Este período dichoso duró poco, pues de golpe se quedaron sin nada y recurrieron a los zapatos y a los cinturones que comieron. En cuanto a la bebida, algunos tragaban agua del mar otros su propia orina. Permanecieron en tal desesperada necesidad varios días, durante los cuales algunos murieron de hambre. Desesperados, algunos propusieron que era más eficiente que sólo muriese uno para evitar que tanta gente pereciera. Acordaron pues que uno de ellos había de morir para alimentar a los demás, lo que ejecutaron en la persona de Lachere cuya carne fue repartida con equidad entre sus compañeros, cosa tan lamentable que me da pena escribirla». (Laudonnière, *L'Histoire notable de la Floride*, 1586).

Los supervivientes del barco fueron rescatados por un navío inglés. La Reina Isabel I de Inglaterra quiso entrevistarse con algunos de ellos para completar las noticias que ya tenía merced al relato de Ribault, acerca de una región donde quería instalar una futura colonia. En efecto, unos meses más tarde el francés Martin Atinas formó parte de la tripulación del capitán John Hawkins en su viaje hacia el Nuevo Mundo. Mientras tanto, el Rey de España Felipe II, enterado de la actividad colonial de los franceses, consideraba que tales incursiones en los territorios de la Corona española eran muy peligrosas y que era urgente detenerlas.

Se puede constatar que pasó en la Florida lo mismo que lo que había pasado en el Brasil con Villegagnon, o sea que los colonos instalados en Charlesfort, no se entregaron a cultivar la tierra, viviendo a expensas de las tribus indias. La interrupción de los refuerzos y de los víveres, causada por la guerra civil en Francia y también, de cierto modo, el deterioro de las relaciones con los indígenas, explican el fracaso de la primera expedición.

ASPAR · COLLIGNIVS · MAGNVS · FRANCIÆ · THALASSIARCHVS

GASPARD DE COLIGNY (1519-1572) Coronel de infantería, fue luego nombrado almirante en 1552. Organizó varias expediciones coloniales en el Nuevo Mundo: la primera en la bahía de Guanabara, actualmente de Río de Janeiro (1555-1557), bajo las órdenes de Villegagnon y las siguientes en Florida. Luchó contra los españoles en Flandes. Prisionero, fue liberado después del tratado de Cateau Cambresis. Durante su encarcelamiento se convirtió a las ideas de la Reforma. Fue uno de los jefes más importantes del partido protestante. Fue asesinado en París, el 22 de agosto de 1572, día de la San Bartolomé.

SEGUNDA EXPEDICIÓN *(25 de junio de 1564)*

A pesar del fracaso de la primera expedición, René de Laudonnière consiguió convencer al almirante Coligny de lo interesante que sería emprender de nuevo la colonización de la Florida, por su situación geográfica, por su clima y por sus producciones. Además, le aseguraba que los colonos no encontrarían ninguna hostilidad por parte de los indios que poblaban dicha tierra de promisión para los protestantes. Por lo tanto, Coligny cuyo cargo era equivalente al de ministro de los asuntos de ultramar, aprovechó la tregua en la guerras de Religiones, después del Edicto de Amboise (19 de marzo de 1563) y tomó la decisión de mandar tres barcos *L'Ysabeau*, *Le Petit Breton* y *Le Faucon*) con trescientos hombres –la mayoría de ellos protestantes– bajo las órdenes de Laudonnière, con miras a una instalación duradera. Cerca del río de Mayo, el capitán mandó edificar otro fuerte, llamado Fuerte Carolina (*Fort Caroline*), para sustituir el Fort Charles que los españoles habían incendiado.

Entre las motivaciones que habían impulsado a los protestantes franceses a cruzar el océano y a instalarse en dicha región, la primera era la evangelización, la segunda, el deseo de fundar un establecimiento comercial, sin olvidar también el afán de encontrar oro. El oficial Ottigny remontó el río de Mayo en busca del codiciado metal, que esperaba hallar en los montes Apalaches. La política de Laudonnière con los indios, como se ha dicho, era la de las relaciones amistosas, pero los beneficios que sacaban los colonos de la ayuda que les proporcionaban los indios en alimentos, implicaba por su parte una alianza militar. Era imposible conservar la amistad de todos los grupos étnicos que vivían en guerra perpetua. Por lo tanto, el capitán francés aliado del cacique («*paraousti*») Outina, tuvo que enfrentarse con las tropas de los caciques Saturiana y Potanú.

La colonia seguía dependiente, encerrada sobre sí misma y por consiguiente no prosperaba. Empezó a sufrir las mismas situaciones de escasez que el año anterior en Fort Charles, por lo cual ochenta soldados optaron por la aventura y la piratería en la Antillas. Algunos, fueron capturados por los españoles y revelaron cuál era la situación geográfica de Fuerte Carolina. A partir de entonces, es muy probable que Felipe II tuvo el proyecto de destruir el establecimiento «luterano» que amenazaba la seguridad de sus colonias.

Los fallos y los errores que habían provocado el fracaso de la primera expedición se acentuaron durante la segunda. En efecto, los colonos pensaron más en las riquezas eventuales que podrían conseguir en las minas, que en una explotación agrícola. Cuando intervinieron en las contiendas tribales, ayudando con su tecnología a ciertos grupos indígenas usando de sus armas de fuego, su verdadera meta era enterarse de la ruta que les llevaría a las minas de oro y de plata.

Tercera expedición *(1565)*

Se encontraban los franceses en una situación desesperada, cuando llegó cerca de las costas una armada de siete navíos bajo las órdenes de Jean Ribault. La importancia de dicha armada revelaba la determinación de Coligny de fundar una colonia duradera en un lugar estratégico. En efecto, además de unos cuantos soldados que venían de refuerzo, los barcos llevaban unos 600 nuevos colonos, los cuales eran labradores y artesanos y que venían acompañados por sus esposas y e hijos. En su mayoría eran calvinistas.

Felipe II, enterado de la situación, mandó al terrible Adelantado Pedro Menéndez de Avilés para eliminar este foco de heresía, que aparecía decididamente muy peligroso.

Menéndez de Avilés consiguió su propósito merced a una buena suerte, que él mismo consideró milagrosa. En efecto, cuando su navío estaba en peligro de ser capturado por la armada de Jean Ribault, un huracán destruyó los bajeles franceses, tirándolos a la costa. Ya no eran soldados sino naúfragos. El adelantado no cumplió su promesa de dejar con vida a los naúfragos, como ciertos testimonios lo afirman, pues efectivamente es improbable que Jean Ribault se hubiese rendido sin combatir. En efecto, el jefe de los católicos ordenó la ejecución de los 132 hombres que estaban en el Fuerte Carolina y luego de los naúfragos que se habían entregado. El mismo Menéndez de Avilés, comentó así su faena destructora:

«Quise averiguar si había algún católico entre ellos y no hallé ninguno. Salvé la vida a dos mozos caballeros, de hasta diez y ocho años y a otros tres que eran pífano, atambor y trompeta, y a Juan Ribao, con todos los demás hice pasar a cuchillo, entendiendo que así convenía al servicio de Dios Nuestro Señor y de V.M., y tengo por muy principal suerte que éste sea muerto, porque más hiciera el rey de Francia con él, con cincuenta mil ducados, que con otros con quinientos mil ; y más hiciera él en un año, que otro en diez, porque era el más práctico, marinero y corsario, que se sabía y muy diestro en esta navegación de Indias y costa de la Florida, y tan amigo en Inglaterra, que tenía en aquel reino tanta reputación, que fue nombrado por capitán general de todo el Armada inglesa, contra los católicos de Francia estos años pasados, habiendo guerra entre Inglaterra y Francia.» (Menéndez de Avilés, Fuerte de San Agustín, 15 de octubre de 1565).

Aquella tragedia tuvo lugar en la ensenada de Matanzas, donde Ribault y sus compañeros murieron cantando salmos. Menéndez de Avilés se vanaglorió de su acción sin heroismo, escribiendo a Felipe II:

«Certifico a V.M. que para adelante sustentará la Florida muy poca costa y rentará a V.M. muchos dineros y para España valdrá más que la Nueva España, ni aún Perú, y puédese decir que esta tierra es arrabal de España ; que en verdad que no tardé de navegación de venir a ella más de cuarenta días y en otros tantos será lo ordinario para ir a esos reinos.» (Ménéndez de Avilés, octubre de 1565).

El Adelantado estaba persuadido de que ya los españoles controlaban el canal de Bahamas –lo que era cierto– y de que había impedido una alianza peligrosa entre el famoso Ribault y el corsario luterano Jacques de Sores. Efectivamente, Felipe II dio su parabién a la matanza y Menéndez de Avilés fue considerado en España como un héroe católico. Claro que en Francia, su imagen era la de un traidor, alevoso y cruel. Se publicaron folletos indignados. Uno, dirigido al rey de Francia, denunciaba la matanza, recordando que

> «Los hombres, mujeres y niños que se encontraban en el fuerte, fueron matados y dañados sin esperanza de indulto. Muy a lo contrario, enarbolaban los cuerpos de los niños traspados en la extremidad de sus picas y además mataron y masacraron al dicho capitán Jean Ribault y siete u ochocientos hombres que le acompañaban, a pesar de lo que le había prometido de perdonarles la vida, después de haberles atado las manos por detrás... »(*Requeste au Roy, faite en forme de complainte...*)

CUARTA EXPEDICIÓN *(1567)*

Este episodio tuvo gran resonancia y muchos nobles protestantes franceses proyectaron vengarse. Por lo cual, en 1568, un atrevido capitán, originario de Burdeos, Dominique de Gourgues, reunió a unos cuantos voluntarios (80 marineros y 150 soldados) y con ellos, desembarcó en la costa de Florida. Con la ayuda de los indios timucuas, tomó posesión de dos fuertes ocupados por los españoles (San Agustín) y, sin más reparo, mandó ahorcar a los prisioneros por «traidores, ladrones y asesinos».

De Gourgues no quería quedarse en Florida, ni tampoco reanudar

con una colonización que ya pertenecía al pasado, pero se empeñó en destruir los fuertes de los españoles y en dicha tarea, sus hombres gastaron dos días y dos noches. Al desembarcar, los franceses tuvieron que dar a los indios una prueba de su origen, por lo cual cantaron tres salmos de Clément Marot y de Goudimel «y así los salvajes tuvieron la certidumbre de que se trataba de verdaderos franceses». Los timucuas prestaron ayuda a los franceses contra los españoles, pero no tenían ningún interés en que se quedaran. Rechazaban cualquier dominación, pues su único deseo era ser libres.

Sin embargo, no dejó de ser una preocupación para los españoles, la eventual vuelta de los franceses en estas regiones, tal como lo subraya el mismo Menéndez de Avilés, tres años después de la expedición de Dominique de Gourgues, pues escribía a Felipe II:

> «Hay gran necesidad de mi persona en estas tierras de Florida, porque la demás de la gente que allí estaba, se ha salido y la que hay con gran descontento, y los indios mis amigos con gran deseo de verme, que son los que han dado a V.M. la obediencia. Y los indios mis enemigos, amigos de los franceses, les hacen guerra por la amistad que conmigo tienen ; y si yo allí no acudiese, todo se perdería, y teniendo los luteranos desto noticia, acudirán con facilidad aquí, y perderá V.M. lo ganado, y señorearse han de la tierra.

Menéndez de Avilés expresa claramente las dos maneras opuestas de colonización, cuando escribe, seguidamente:

> «Porque aquellos indios, en lo general, son más amigos de los franceses, que los dejan vivir en libertad, que no mío ni de los teatinos, que les estrechamos la vida ; y más harán los franceses por esta causa en un día, que yo en un año aunque con la ayuda de Nuestro Señor, espero será al contrario.» (Santa Elena, Fuerte de San Felipe, 22 de julio de 1571).

En la bahía de San Agustín, Menéndez de Avilés, había fundado el fuerte del mismo nombre, para mantener la presencia española en la región. Actualmente es una ciudad, llamada Saint-Agustine, que se considera como la más antigua de los Estados Unidos.

La tragedia de Matanzas indignó también la opinión pública inglesa y fue uno de los motivos que incitaron la reina Isabel a promover una política agresiva contra las colonias españolas de América y a considerar que sería oportuno fundar establecimientos coloniales en esta región.

PEDRO MENENDEZ DE AVILES.
Natural de Avilés en Asturias, Comendador
de la orden de Santiago, Conquistador de la Florida, nombrado Grāl. de la Armada contra Ínglaterra.
Murió en Santander Nᵒ. 1574. á los 55. de edad.

Josef Ximenez lo dibº.   Franᶜᵒ. de Paula Martí lo grabó año 1791.

Avilés (pedro Menendèz de) Conquérant de la Florides, et Amiral de la flotte
dite l'Armada   + 1574.

René de Laudonnière

Los «Grandes viajes» de Teodoro de Bry

Teodoro de Bry es la referencia iconográfica del siglo XVI en lo que se refiere a América. Su nombre está ligado a una crónica ilustrada de los principales relatos de viajes en el Nuevo Mundo, publicados en los últimos años del siglo XVI y en los primeros del siglo XVII, conocida bajo el nombre de «Grandes Viajes».

Hijo del platero Thiry de Bry, nació en Liège en 1528. Tuvo que abandonar esta ciudad por sus convicciones luteranas. Permaneció en Estrasburgo, luego en Francfort, ciudad de la cual adquirió el título de burgués en 1588. En esta ciudad, fue donde realizó su obra mayor, la colección de los «Grandes y Pequeños Viajes». Los «Pequeños Viajes» de un formato más reducido, se referían a Africa y a Asia. Sus hijos, Juan Teodoro y Juan Ismael y también los dos yernos de Juan-Teodoro, Mathieu Merian y Guillaume Titzer, continuaron su obra después de su muerte, en 1598. En aquella fecha, Teodoro había editado seis partes. La publicación prosiguió hasta 1634 y se compone en su totalidad de trece partes. De Bry no fue el primero en editar colecciones de viajes. Anteriormente, hay que citar el humanista italiano Giovanni Battista Ramusio (*Terzo volume delle Navigationi et Viaggi*, Venezia, 1556) y el inglés Richard Hakluyt (*Divers voyages touching the Discoverie of America*, 1582). Instigado por Hakluyt que había encontrado en Londres en 1587, de Bry resolvió publicar relatos que permitirían que los Europeos conocieran mejor un continente exclusivamente dominado por la España católica y cuyo acceso estaba prohibido a los extranjeros.

Teodoro tenía una doble formación de platero y de grabador a la que añadió la pasión editorial. En sus grabados, se notan las influencias de Albrechr Dürer y del pintor wallon Lambert Lombard. El proyecto editorial era, por consiguiente, netamente político por el contenido de los testimonios y participaba al mismo tiempo de la «guerra de las imágenes», en la que se oponían católicos y protestantes. Esto explica por qué los autores de los relatos de viajes publicados eran de origen protestantes, con excepción de Girolamo Benzoni y de Bartolomé de Las Casas, cuyos testimonios eran muy críticos en lo que se refería a la conquista y a la colonización española en el Nuevo Mundo. Inicialmente, Teodoro de Bry quería editar los relatos de viajes que le parecían más originales y que venían acompañados de documentos iconográficos. Esta abundancia de las imágenes y sus cualidades artísticas, dio a los «Grandes Viajes» su carácter excepcional. Para darles la mayor difusión posible, de Bry decidió que era necesario publicarlos en tres versiones: en latín, en alemán y en francés. Lo realizó para el primer viaje, cuyo título en francés, era: *Merveilleux et étrange rapport des commodités qui se trouvent en Virgina.* (1590). Los siguientes, fueron publicados sólamente en latín y en alemán.

– La primera parte, relativa a Virginia relata los acontecimientos de la colonización efímera de los ingleses bajo el mando de Richard Grenville (1585). De Bry recogió el relato de Tomás Hariot y sobre todo las acuarelas originales de John White. Esta primera parte, cuya iconografía evocaba la vida cotidiana de los indios Algonquinos, se afirmaría como un clásico de la etnografía artística.

– La segunda parte, que publicamos a continuación, fue editada con el título de *Brevis narratio eorum quae in Florida Americae Provincia Gallis acciderunt* (1591). Evoca, con brevedad, las dos expediciones sucesivas de los frances en Florida (1562-1565). El texto y las imágenes son la obra del pintor Jacques Lemoyne de Morgues.

Su impacto visual es muy distinto del de las 34 láminas de la tercera parte, *Americae pars tertia, memorabilem provinciae Brasiliae* (1592) las cuales, en su mayoría están dedicadas a escenas de antropofagía a las cuales asistió como espectador espantado el cautivo alemán Hans Staden. En esta «parte», los grabados tienen una fuente indirecta. En efecto, las láminas de Teodoro de Bry, vienen inspiradas por grabados en madera de autor anónimo que se publicaron en una edición muy anterior (1547).

– Las tres partes siguientes (1594-96), ilustran diferentes episodios de la conquista española en el Nuevo Mundo, según la *Historia de Mondo Nuovo* de Girolamo Benzoni. En ellas, figuran láminas muy conocidas relativas al descubrimiento de Cristóbal Colón o a la aventura de Francisco Pizarro en el Perú.

– Las demás partes, están dedicadas a los viajes de Ulrico Schmidel en el Rio de la Plata, a las carreras y periplos marítimos de Francis Drake, Thomas Candish, Walter Raleigh, Seebaldt de Weert, Olivier de Noort, Guillaume Schouten y también evocan las civilizaciones prehispánicas de México, refiriéndose a la obra de José de Acosta.

Las 280 láminas de Teodoro de Bry dedicadas al Nuevo Mundo, proponen una iconografía favorable a los indios. En efecto, los indios de Virginia y de Florida son «hermosos salvajes», herederos de los modelos clásicos. También los brasileños, a pesar de sus costumbres antropofágicas, quedan comparables a las esculturas de la Antigüedad. Los indios que figuran en las obras de Benzoni y de Las Casas están a menudo asimilados a los mártires cristianos.

Le Moyne de Morgues: *la observación etnográfica y la elección estética.*

Teodoro de Bry cuya obra fue ampliamente difundida, tuvo un papel determinante en la formación del estereotipo del «buen salvaje» y propuso una visión del Nuevo Mundo que fue una referencia permanente durante siglos. La serie de las láminas pintadas por Jacques Le Moyne de Morgues y grabadas por Teodoro de Bry, ofrecen una imagen idílica de un paraíso perdido, prescindiendo de lo que fue el destino trágico de la colonia de Florida.

Le Moyne de Morgues fue uno de los quince fugitivos que consiguieron, después de una espantosa odisea por los pantanos y las aguas altas de los ríos, alcanzar los dos navíos que se habían salvado del huracán destructor. De regreso en Francia, relató al rey Carlos IX, cuáles habían sido los acontecimientos de esta desgraciada aventura y le regaló un mapa de la colonia recién conquistada y casi en seguida perdida. Teodoro de Bry sacó una copia del manuscrito original ilustrado.

Hubo quienes reprocharon a Jacques Le Moyne de Morgues, que dichas imágenes, por su excesivo estetismo, se alejasen a veces de los modelos. Aunque se admita que el «embellecimiento» sea el menor defecto de las 42 láminas del pintor Jacques Le Moyne de Morgues, los detalles etnográficos que observó, confieren a esta obra, un evidente valor documental.

Hay que recordar que la «serie floridiana», fue una creación tardía, pues es probable que fuera realizada veinte años después de la experiencia personal de Le Moyne de Morgues y por consiguiente sería en parte, el fruto de los recuerdos del pintor. Cuando huyó precipitadamente el 20 de septiembre de 1565, atacado por las tropas españolas de Meléndez de Avilés, es probable que lo haya abandonado todo, pero no tal vez los esbozos que había realizado durante su estancia. El pintor procedió probablemente a una reconstrucción parcial, valiéndose de los objetos observados en los gabinetes de curiosidades de Londres y de París.

Estas láminas, proponen una especie de resumen histórico del «período feliz» de la la colonización efímera, antes de su final trágico, al cual el editor protestante no hace la menor alusión y que no viene evocado en ninguna lámina.

Una de las originalidades de la célebre galería iconográfica grabada en la segunda parte de los «Grandes Viajes» de Teodoro de Bry, consiste en la atención prestada por el dibujante Jacques Le Moyne de Morgues a los contactos permanentes entre los autóctonos y los colonos, o sea entre Timucuas y franceses. En la primera parte de los «Grandes Viajes», el editor que también tenía la responsabilidad de los grabados, informó que había utilizado las acuarelas de John White y que se trataba de «imágenes dibujadas en vivo y de los usos y costumbres de los habitantes de aquella región de América que los ingleses llamaron Virginia». El pintor que participaba de la expedición dirigida por Richard Grenville, concentró su atención en los algonquinos y su modo de vida. Insistió también sobre la fertilidad del suelo y sobre la abundancia de las producciones naturales. El conjunto contituye un documento realizado para utilizarse en la perspectiva de una futura colonización.

En lo que se refiere a la serie de dibujos de Le Moyne de Morgues, el pintor va más allá, mostrando una colonización acertada. En efecto, varios grabados muestran los franceses al lado de los timucuas en actitudes que revelan cierto interés o por lo menos una evidente atención. Algunas veces afectan indiferencia, sobre todo cuando el pintor nos los muestra presenciando rituales muy alejados de sus propios valores morales.

Además, es notable la posición de Le Moyne de Morgues, al emitir juicios sistemáticamente positivos en sus analisis, acerca de los modos de vida de los indios. En efecto, casi todos sus comentarios recalcan la generosidad de los timucuas o su modo de ser «humano» y amistoso, en cualquier circunstancia . Hoy en día, se lo calificaría de «indianista». Le Moyne, en lo que escribe y en lo que pinta, admira las cualidades físicas de los naturales de Florida, su adaptación a la vida natural, sus habilidades y conocimientos, que se trate de la agricultura, de la caza, del uso de las plantas medicinales, de la organización de sus pueblos y sobre todo de su convivialidad. Sin embargo, a pesar de aquella apología del «buen salvaje», los timucuas no pasan de ser para los franceses unos «bárbaros desdichados».

Esta mirada no es nada sorprendente, pues, a pesar de su voluntad de establecer lazos de amistad, los colonizadores no podían considerar los «salvajes» de una manera igualitaria. René de Laudonnière define así los indios timucuas:

> «Los hombres son de color aceitunado, muy corpulentos, hermosos, sin ninguna deformedad y de buenas proporciones. Cubren sus partes naturales con una piel de venado bien curtida. La mayoría ostentan pinturas en todo el cuerpo, en los brazos y en los muslos, en muy bellos compartimientos, cuya pintura no se puede borrar porque están picados en la carne. Llevan el pelo muy negro y largo hasta las caderas, sin embargo los recogen de una manera que les favorece mucho. Son grandes mentirosos y grandes traídores, valientes de su persona, combatiendo muy bien y no tienen más armas que el arco y las flechas.»(René de Laudonnière, *Histoire notable de Floride*, 1586).

Le Moyne presenta la colonización de los franceses en Florida como ejemplar. Siendo uno de ellos, este juicio puede considerarse de un imparcialidad dudosa. Sin embargo, este contacto que se puede calificar de excepcional, está confirmada por su peor enemigo, el adelantado Pedro Menéndez de Avilés

> «Estos franceses tenían muchos indios por amigos y han mostrado mucho sentimiento por su perdición, en especial por dos o tres maestres de su mala secta que enseñaban a los caciques indios, y se andaban tras ellos, como los apóstoles tras Nuestro Señor, que es cosa de admiración ver como estos luteranos traían encantada a esta pobre gente».

(Fuerte *de* San Agustín, 15 de octubre de 1565). (Pedro Menéndez de Avilés, *Cartas sobre Florida* (1555-1574), Carta XX a su Católica Real Majestad).

Los franceses que vinieron con Ribault y con Laudonnière —entre ellos Le Moyne de Morgues-, se portaron con una moderación y con una tolerancia ejemplar, sin dejar de ejercer una evangelización persuasiva. Es lo que quiere expresar el pintor testigo, autor de estos magníficos cuadros etnográficos. Ya se sabe que no fue tan idílico y que se manifestó cierta agresividad y que hubo asesinatos. Además, no se puede saber si no se hubieran transformado estas buenas relaciones y lo que hubiera pasado en caso de una colonización duradera.

Los indios timucuas, totalmente ignorados de los europeos, antes y después Le Moyne de Morgues, están presentados como «bellos salvajes», supervivientes de la Edad de Oro o del Paraíso terrenal. Como lo subrayamos anteriormente, la serie de los grabados de Teodoro de Bry, inspirados por las acuarelas de La Moyne de Morgues, han sido en parte modificados y tal vez embellecidos por un recuerdo nostálgico. Aparecieron al lector como una galería ideal donde se movían personajes fascinantes de una nueva mitología, ensanchando los horizontes del exotismo procedente del Nuevo Mundo.

El testimonio de Le Moyne de Morgues revela hasta qué punto la representación iconográfica, puede ayudar a la comprensión de un testimonio escrito. El valor estético de aquellos espejos de un mundo distinto, no perdió nada de su poder evocativo y sigue cautivando nuestras miradas.

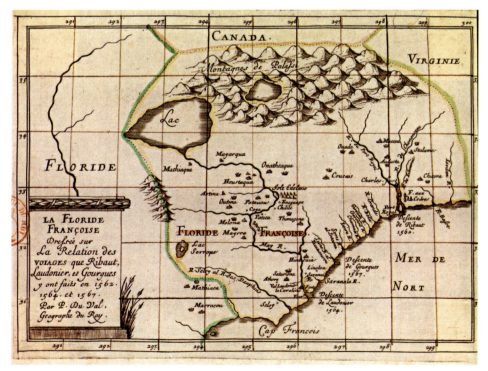

Pierre Duval, *La Floride Françoise*, agua fuerte, 2a. mitad del Sigo XVII, Paris, Biblioteca Nacional de Francia, departamento de grabados y la fotografía.

Nuestra edición

Entre los documentos originales relativos a la historia de la malograda colonia francesa de Florida, el texto de Le Moyne de Morgues que no se puede disociar de los grabados, es menos difundido que los de Ribault o de Laudonnière, en los cuales se inspiró parcialmente. Nos pareció del mayor interés publicar en castellano aquel excepcional testimonio sobre un episodio notable de la colonización europea en América y unas imágenes imprescindibles de la vida cotidiana de un grupo indígena, hoy desaparecido.

En cuanto al texto, aunque afirma el editor Teodoro de Bry que fue originalmente escrito en francés, lo que es lógico, el manuscrito original se perdió y sólo tenemos una traducción latina, adaptada por «un amigo del editor». Parece que el mismo editor, intervino una que otra vez en su elaboración, como se puede observar en el comentario del último grabado de la serie.

Lo más original y lo más valioso, son, evidentemente los 42 grabados, coloreados a mano en la época de su aparición en un ejemplar excepcional que reproducimos aquí, que está conservado en el Servico Histórico de la Defensa en Vincennes (Francia). Normalmente, la edición ostentaba los grabados en blanco y negro. Con las acuarelas de John White, relativas a Virginia, constituyen el testimonio iconográfico más antiguo acerca del Nuevo Mundo. Se presentan como una copia muy fiel de las acuarelas originales, de las que sólo se ha conservado una. En efecto, lo que permite afirmar que se trata de una fiel adaptación de los originales hoy desaparecidos, es que el grabado (lámina n°VIII) es totalmente idéntico en sus detalles a la acuarela conservada.

Jacques Le Moyne de Morgues (o al estilo de), *Laudonnierus et rex Athore ante columnam a praefecto prima navigatione locatam quamque venerantur Floridenses*, gouache, Siglo XVI.

Cronología

1559: Se firma la Paz de Cateau-Cambresis, que pone fin a la guerra entre Francia y España.

1562: 18 de febrero: Salen los dos barcos de la primera expedición, dirigida por Jean Ribault, del puerto de Le Havre. Entre los hidalgos, soldados y obreros, casi todos calvinistas, se conocen los nombres de René de Laudonnière, de Nicolas Malon, de Albert de la Pierra, del sargento Lacaille, de Fiquinville, de Nicolas Barré (que ya había participado en la expedición de Villegagnon en el Brasil), del tambor Guernache y de los soldados Lachère, Aymon, Rouffi y Martin Atinas.

1ro de marzo: Matanza de Wassy en Champaña (Francia), durante la cual 50 protestantes fueron muertos y 150 heridos, por orden de duque de Guise, jefe de los católicos franceses. Esta matanza dio principio a la primera Guerra de Religión.

Finales de abril: Llegan los barcos en las costas de Florida.

2 de mayo: En la orilla del río de Mayo, descubierto el día anterior, los franceses instalan una columna de piedra que simboliza la toma de posesión del territorio en nombre del rey de Francia.

22 de mayo: Una segunda columna es hincada en la orilla del río de Port-Royal y se empieza la edificación de Charlesfort.

11 de junio: Sale Jean Ribault hacia Francia.

20 de julio: Ribault llega a Francia, donde no puede quedarse, a causa de las persecuciones que sufren los protestantes, por lo cual huye a Inglaterra.

1563: Enero: Regresan los demás miembros de la colonia después del abandono de Charlesfort.

19 de marzo: Paz de Amboise, firmada por Louis de Condé, jefe de los protestantes y Anne de Montmorency, jefe del ejército católico. Esta paz garantiza la libertad de conciencia, pero restringe el ejercicio del culto protestante, que sólo podrá celebrarse fuera de las ciudades. Esta «paz», pone fin a la primera Guerra de Religión, pero es tan frágil que apenas dura cuatro años.

Mayo: Publicación de *The Whole and true Discovery of Terra Florida*.

1564: 22 de abril: Sale de Le Havre, una segunda expedición dirigida por René de Laudonnière. Zarpan tres navíos, relativamente ligeros, el *Elizabeth*, el *Breton* y el *Faucon*. Llevan hidalgos, burgueses, soldados, artesanos, obreros y pilotos. D'Ottigny y d'Erlach eran oficiales. También son de citar de la Rocheferrière, de Marillac, de Grontaut, Normans de

Pompierre, el sargento Lacaille que había participado ya en la primera expedición, los soldados y pilotos Pierre Gambié, Jean Lucas, Pierre Marchant, Michel Vasseur, Trenchant, Desfourneaux, Lacroix, etc., sin olvidar el pintor Jacques Le Moyne de Morgues.

Mayo: Destrucción de Charlesfort por las tropas españolas.

22 de junio: Llegan los tres navíos franceses y Laudonnière escoge un nuevo lugar para edificar el Fuerte Carolina.

Noviembre: Conspiración en Fuerte Carolina contra Laudonnière. Los amotinados consiguen llevarse dos lanchas y emprenden una expedición de piratería en el Caribe, en particular en Cuba.

Diciembre: El cacique Utina, pide la ayuda de los franceses para combatir su enemigo Potanu.

1565: 25 de marzo: Algunos amotinados vuelven en Fuerte Carolina en una lancha. Laudonnière manda ahorcar a cuatro de ellos.

Principios de agosto: El inglés John Hawkins ayuda a los franceses que sufrían del hambre.

28 de agosto: Llega la armada de la nueva expedición de Jean Ribault.

4 de septiembre: Llega la armada española de Menéndez de Avilés.

8 de septiembre: Ribault toma la decisión de atacar a los españoles.

11 de septiembre: Un huracán destruye la armada de Jean Ribault.

20 de septiembre: Los españoles atacan Fuerte Carolina y matan sus defensores. Algunos franceses consiguen huir y abandonan la Florida.

12 de octubre: Los sobrevivientes de la armada se rinden con Juan Ribault a los españoles, quienes los «pasan a cuchillo».

11 de noviembre: El barco de Laudonnière atraca en el puerto de Swansee en Inglaterra.

1566: Marzo: Laudonnière relata los acontecimientos de Florida al rey de Francia Carlos IX en la ciudad de Moulins.

1567: 22 de agosto: Dominique de Gourgues cruza el Atlántico para vengar la matanza de los franceses de Florida.

1568: 24-27 de abril: De Gourgues destruye los fuertes españoles y mata a sus defensores.

3 de mayo: De Gourgues abandona la Florida y regresa a La Rochelle, donde llega el 6 de junio.

1572: Matanza de la San Bartolomé en París. El almirante Coligny muere asesinado.

1588: Jacques Le Moyne de Morgues muere en Londres.

Bibliografía

Documentos antiguos:

(Anónimo) *Coppie d'une lettre venant de la Floride, envoyée à Rouen, & depuis au Seigneur d'Eueron ; ensemble un plan & portraict du fort que les François y ont faict* . Paris, 1565.

Barcia Carballido y Zúñiga, Andrés González de, (seudónimo de Gabriel de Cárdenas y Cano), *Ensayo cronológico para la historia general de la Florida desde el año 1512 hasta el de 1722*, Madrid, 1723.

Barrientos, Bartolomé, *Vida y hechos de Pedro Menéndez de Avilés*. Publicado por Génar García, en *Dos antiguas relaciones de Florida*, México, 1902.

Felipe II, Rey de España, *Correspondencia de Felipe II con sus embajadores en la Corte de Inglaterra. 1558-1584 (Colección de documentos inéditos para la historia de España*. Madrid, 1842-1895. Vol. 87 a 92).

Gourgues, Dominique de, *Histoire mémorable de la reprinse de l'isle de la Floride faicte par les François sous la conduite du capitaine Gorgues gentilhomme Bourdelois le 24 & 27 avril de ceste année 1568.* Manuscrito en la Biblioteca Mazarine, París.

Hakluyt, Richard, *The Principal Navigations, Voyages, Traffiques and Discoveries of the English Nation.* London, 1598. (Edición inglesa de los relatos de Jean Ribaut, René de Laudonnière y Dominique de Gourgues).

Laudonnière, René Goulaine de, *l'Histoire notable de la Floride située ès Indes Occidentales, contenant les trois voyages faits en icelle par certains Capitaines et Pilotes François, decrits par le capitaine Laudonnière qui y a commandé l'espace d'un an trois moys: à laquelle a esté adjousté un quatriesme voyage fait par le capitaine Gourgues.* Mise en lumière par M. Basanier, Paris, 1586.

Le Challeux, Nicolas, *Discours de l'histoire de la Floride contenant la cruauté des Espagnols contre les subjets du Roy en l'an mil cinq cens soixante cinq.* Dieppe, 1566.

_____. *Requeste au Roy, faite en forme decomplainte par les femmes veuves, petits enfants orphelins et autres leur amis, parents et alliés de ceux qui ont été cruellement envahis par les Espagnols, en la France antarctique, dite Floride.*

Le Moyne de Morgues, Jacques, *Brevis narratio eorum quae in Florida Americae provincia Gallis acciderunt, secundain illam Navigatione, duce Renato de Laudonniere classis Praefecto.* Francofortii ad Moesnum. Anno MDXCI.

López de Mendoza Grajales, Francisco, *Relación de la jornada de Pedro Menéndez de Avilés en la Florida. (Documentos inéditos del Archivo de Indias*, III, 441). Testimonio del capellán de la expedición española.

Menéndez de Avilés, Pedro, *Cartas sobre Florida (1555-1574)*. Edición, introducción y notas de Juan Carlos Mercado. Iberoamericana, Madrid, 2002.

Montaigne, Michel de, *Essais*, 1580. (Capítulo: «De los canibales»)

Ribault, Jean, *The Whole and true Discovery of Terra Florida (englished the Florishing lande) Contenying as well the wonderfull straunge Natures and Maners of the People, with the merveylous Commodities and Treasures of the Country* .., London, 1563.

Estudios:

Acerra, Martine y Martinière, Guy (dir.), *Coligny, les protestants et la mer,* Prensas de la Sorbona, París, 1997

Atkinson, Geoffroy, *Les nouveaux horizons de la Renaissance française*, Paris, Droz, 1935.

(Augeron, Mickaël, de Bry, John et Notter, Annick, dir.), *Floride, un rêve français (1562-1565)*, La Rochelle, Musée du Nouveau Monde, 2012.

Baird, Charles W., *History of the Huguenot Emigration to America*, New York, Dodd, Mead and Co, 1885.

Bennett, Charles E, *Laudonniere and Fort Caroline: History and Documents*, Gainesville, University of Florida Press, 1968.

Bouyer, Marc y Duviols, Jean-Paul, *Le Théâtre du Nouveau Monde. Les Grands Voyages de Théodore de Bry*. Paris, Gallimard, 1992.

Bushnell Jr . David I., «Drawing by Jacques Lemoyne de Morgues of Sarouriona, a Timucua Chief in Florida, 1564», Washington, Smithsonian Institution, 1928 (Tomo 81, n° 4) ;

Duchet, Michèle, *L'Amérique de Théodore de Bry. Une collection de voyages protestante au XVI e siècle*, Paris, Editions du CNRS, 1987.

Duviols, Jean-Paul, "Théodore de Bry et ses modèles français", in *L'image de l'Amérique latine en France depuis cinq cents ans*. Caravelle n° 58. (p. 7-l6). Presses Universitaires du Mirail, Toulouse, 1992.

Fonteneau, Gilles, *Sur les traces des huguenots de Floride*, Paris, 2008.

Fosdick, *The French Blood in America*, Nueva York, Baker-Taylor, 1911.

Gaffarel, Paul, *Histoire de la Floride française*, Paris, Firmin-Didot, 1875.

Granberry, *A Grammar and Dictionary of the Timucua Lenguage*, Tuscaloosa, Universty of Alabama Press, 1993.

Hulton, P., *The Work of Le Moyne de Morgues. A Huguenot Artist in France, Florida and England*, London, British Museum Publications, 1977.

Julien, Ch. A., *Les Voyages de découvertes et les premiers établissements (XVe-XVIe siècles)*, Paris, P.U.F, 1948.

La Roncière, Charles de, *La Floride française. Scènes de la vie indienne peintes en 1564*, Nogent-Paris, 1928.

Lestringant, Franck, *Le Huguenot et le Sauvage. L'Amérique et la controverse coloniale en France, au temps des guerres de religions (1555-1589)*, Paris, 1990.

Lorant, S., *The New World. Th First Pictures of America made by John White and Jacque le Moyne and engraved by Theodore de Bry*, New-York, 1946.

(Lussagnet, Suzanne) *Les Français en Floride, textes de Jean Ribault, René de Laudonnière, Nicolas Le Challeux et Dominique de Gourgues, choisis et annotés par Suzanne Lussagnet* , Paris, P.U.F., 1958.

Parkman, Francis, *Pioneers of France in the New World. France and England in North America,* Boston, Little, Brown and C°, 1922.

Ruidíaz y Caravia, Eugenio, *La Florida: su conquista y colonización por Pedro Menéndez de Avilés*, Madrid, García, 1894.

Swanton, John R, *Early History of the Creek Indians and their Neighbors*, Washington, Smithsonian Institution, 1922 (Boletín 73).

El frontispicio se presenta como una composición arquitectónica, característica del Renacimiento. La entrada del libro es como la de un palacio. Ya no es una «portada», sino un portalón, adornado con frisos y guirnaldas. Los personages que lo animan, son los mismos que los que el lector encontrará en el interior del libro. La organización escénica es obra del editor. Su intento es resumir la obra con imágenes características y de este modo, incitar el lector a que siga su progresión curiosa.

La delicadeza arquitectónica neoclásica de aquel arco de triunfo, hace contraste con la vida «natural», que es la de los dichosos habitantes de la Florida y ensalza el paraíso de esta nueva colonia.

BREVE NARRACION
de lo que pasó a los franceses en Florida, provincia de América, durante el segundo viaje
que emprendieron bajo el mando de René de Laudonnière, comandante de la armada, el año de MDLXIIII.

SEGUNDA PARTE DE LA AMÉRICA
con grabados según los dibujos al natural relativos a los habitantes ; también una breve explicación de su religión, ritos y modos de vida, por Jacob Le Moyne, apodado de Morgues, compañero de Laudonnière en dicha expedición. Publicado por primera vez, según la versión francesa por Teodoro de Bry, de Liège; traducido al latín por C.C.A con privilegio de S.M. el Emperador. Francfurt-en el-Mein. Impreso por Johan Weichel a expensas de Teodoro de Bry en el año de MDXCI.
Se vende en casa de Sigismondo Feyerabendt.

En lo alto del edificio, el Rey Atore, medio desnudo, alardeando sus tatuajes, lo domina todo, en una postura idealizada que es la de la estatuaria griega. Lleva con elegancia una piel de venado, ricamente adornada. Con un bastón de mando en la mano, está en posición dominante. Dos servidores solícitos, están a la espera de sus deseos o de sus órdenes, lo que revela una organización estatal elaborada. Peinado, vestimenta, adornos, pinturas corporales, todo aquellos detalles constituyen una garantía de autenticidad y una novedad iconográfica. una novedad iconográfica. En efecto, en la escasa iconografía anterior, el «hermoso salvage», estaba representado en una total desnudez. Le Moyne de Morgues propone un nuevo estereotipo del indio «semi-civilizado». Debajo de la bóveda, que permite una vista limitada sobre la Florida, el lector-espectador puede divisar la comitiva de la reina que está llevada en andas, para incitarlo a penetrar más adentro.

AL BENÉVOLO LECTOR

No creas, benévolo lector, que nuestra empresa de escribir la historia de la Virginia, que publicamos hace unos meses, y la de la Florida que publicamos hoy, fue motivada por el mero gusto de hacerlo, aunque, a decir verdad, el espíritu encuentra en ella gran satisfacción. Considerando las obras inmensas de Dios, nuestro propósito es agradecerle de todo corazón por sus beneficios, por haberse manifestado y por habernos enseñado el camino de la salvación. En efecto, constatamos que los desdichados habitantes de la Florida y de los países circundantes (que son descendientes sin duda alguna de uno de los hijos de Noë, probablemente de Cham y no de ningún otro), no tienen ninguna idea de Dios. Eso no quita que tienen el beneficio de tener un cuerpo elegante con buenas proporciones, de ser altos, robustos, atrevidos, ágiles, pero al mismo tiempo son bellacos y desleales. Son de un color amarillo claro, por untarse la piel con ciertas cremas y por el ardor de los rayos del sol, pues muchos de ellos son bastante blancos al nacer.

Había indicado cual era la procedencia de los grabados en la historia de la Virginia, lo mismo quiero hacer en lo que atañe a la Florida. La viuda de Jacques Le Moyne, llamado de Morgues, me facilitó los dibujos que ilustran esta historia. Este, acompañó a Laudonnière durante su segundo viaje en esta región y ejecutó estos dibujos según los modelos naturales. Por fin, escribió la historia de los acontecimientos a los que participó y me comunicó dichos relatos, en varias veces, cuando estaba vivo.

Estuve tan contento por haber conseguido aquellos documentos que no escatimé en los gastos a fin de reproducirlos. Con la ayuda de mis hijos, me empeñé en grabarlos sobre cobre para darles más brillo. Pero estas láminas, no podrán utilizarse mucho, pues se gastan rápidamente. Sin embargo, no hubiera conseguido un buen resultado sin el concurso benévolo de un señor eminente, amigo mío, quien me ayudó a organizar dichos documentos que venían todos mezclados. Fue él también quien estableció estas historias en su versión francesa, para luego traducirlas al latín, como ya lo había hecho para la historia de la Virginia. Lector, sírvete acoger con tan buen ánimo, los mapas de aquel país, los retratos de los habitantes, los grabados relativos a los modos de vida y a las costumbres. El conjunto ha sido representado de tal manera, que al contemplarlos, podrías creer que te encuentras en el mismo país. Tengo la esperanza de que, con la ayuda de Dios, pueda presentarte muchos más grabados del mismo género.

DEDICATORIA

Al muy ilustre Príncipe y señor Christian, Duque de Sajonia, Landgrave de Turingia, Burgrave de Magdeburg, Gran Mariscal y Príncipe Elector de Santo Imperio Romano, a mi muy clemente señor.

Muy ilustre Príncipe y muy clemente Señor, la Historia de la Virginia que dediqué à Su Alteza, conquistó el favor de un gran número de lectores. Hoy publico la Historia de la Florida, muy corta es verdad, pero llena de hechos memorables y conocida de muy poca gente hasta ahora. Dicha Historia, está ilustrada con grabados más numerosos y más bellos que los de la Historia de la Virginia. Los mapas, muy hermosamente presentados, dan todavía más valor a esta publicación, pues sé que hasta ahora no se ha publicada ninguna descripción de este país que se le pueda comparar. En esta historia se podrá leer el breve relato de lo que les pasó a los franceses en el año de 1565, quienes vinieron en este país bajo el mando de Laudonnière y se podrá ver con que crueldad fueron asesinadosdos por los españoles, a pesar de lo prometido bajo fe de juramento. El lector podrá ver una descripción muy animada de los usos de los habitantes, de sus costumbres, de sus ceremonias, de su modo de vivir y de vestirse. Son gente astuta, mala, belicosa, vindicativa, todo lo contrario de los habitantes de Virginia, los cuales son agradables y plácidos.

IMÁGENES DE LOS INDIOS QUE VIVEN EN LA
PROVINCIA DE LA FLORIDA
Dibujadas por primera vez al natural por Jacques Le Moyne, apodado de Morgues, con una breve explicación para cada una de ellas. Grabadas nuevamente sobre cobre y publicadas por Théodore de Bry, de Liège.

Con privilegio de SM. el Emperador

Francfurt-en el-Mein

I. El promontorio de la Florida *

Durante su primera navegación a lo largo de las costas de Florida, los franceses arribaron cerca de un promontorio de muy poca altura (siendo llana la orilla), pero rodeado de selvas con árboles de gran altura. En honor de Francia, el comandante de la armada lo llamó el promontorio francés. Este promontorio se sitúa a unos 30 grados del Ecuador. Siguiendo la ribera en dirección del Norte, los franceses hallaron un río profundo y agradable. Echaron anclas en su desembocadura para hacer observaciones más completas, dos días después. Durante su segunda exploración, Laudonnière llamó este río, río de los Delfines porque al llegar a estos lugares había visto muchos delfines nadando. Al atracar, los franceses vieron un gran número de indios que habían venido para darles una acogida muy humana y amistosa. Después de recibir regalos de parte del jefe de la expedición, prometieron que volverían con su rey quien no se había levantado al mismo tiempo que ellos, pues estaba todavía durmiendo sobre ramas de laureles y de palmeras. Este rey ofreció al jefe de la expedición, una piel adornada con dibujos de animales de la selva, representados de modo muy expresivo.

> *Los regalos son necesarios para que se mantengan buenas relaciones entre los grupos humanos. Le Moyne presenta una imagen exótica del «paraíso terrenal», sugiriendo una impresión de quietud y de «dolce vita», en medio del cuadro armónico de la Naturaleza lujuriante. Los indios son jóvenes, bellos y pacíficos, como lo eran los que encontró Colón en su primer viaje.*

II. Navegación de los franceses en el río de Mayo *

Los franceses volvieron a botar sus lanchas y siguieron navegando más lejos. Antes de atracar, le saludaron unos indios de otra tribu. Metidos en el agua hasta los hombros, estos indígenas les ofrecieron cestitas de maíz llenas de frutas y bayas blancas y rojas. Otros se ofrecieron para ayudarles a desembarcar. Después, los franceses divisaron al rey de los indios, acompañado por sus dos hijos y por un grupo armado con arcos y flechas. Después de saludarse recíprocamente, los exploradores se metieron en la selva con la esperanza de descubrir muchas curiosidades. Pero no observaron sino unos árboles rojos que producían frutas rojas y blancas y cuyas cumbres estaban cubiertas por numerosas mariposas. Los franceses llamaron este río, río de Mayo porque lo habían visto el primer día de este mes.

En un ambiente apacible, los indios se mueven con elegancia y abandono, pero llevan armas. Se nota la ausencia de mujeres, como se dio el caso durante el primer contacto entre Cristóbal Colón y los taínos. Se puede observar aquí otra coincidencia con la llegada de los españoles en Guanahani: las demostraciones de amistad se manifiestan también con los regalos que proponen los nadadores generosos a los recién llegados.

F. Maíʃ

III. Después del río de Mayo, los franceses exploran otros dos ríos *

Los franceses subieron a bordo y levantaron el ancla. Navegaron cerca de la orilla y llegaron a un río agradable que quiso explorar el jefe de la expedición en persona, acompañado por el reyezuelo y por los indígenas de este lugar. Lo llamó Sena porque se parece al río francés Sena. Está a una distancia de unas catorce leguas del río de Mayo. Volvieron a embarcarse y navegaron en dirección del Norte. Pero, a poca distancia de allí encontraron otro río bastante bonito. Equiparon dos lanchas para explorarlo. Descubieron una isla en la que el rey se mostró muy humano. Se llamó el río Axona. Está aproximadamente a seis millas del Sena.

Las diez primeras láminas participan de la reconstrucción histórica, más que de la observación directa. Describen la llegada de los franceses, sus contactos con los indios y su instalación, con la edificación del Fuerte Carolina. Prescindiendo de la octava, todas son topográficas y suponen una visión artificial desde arriba, al modo de los modelos cartográficos. Este procedimiento se repitirá una vez más, para enseñar el pueblo fortificado de los timucuas (lámina XXX).

3

IV. Los franceses exploran seis ríos más *

* Los franceses continuaron su navegación. A una distancia de seis millas encontraron otro río que llamaron Loira y, luego, sucesivamente cinco más. El primero, lo llamaron Charente, el segundo Garona, el tercero Gironda, el cuarto Bello, el quinto Grande. Después de una exploración completa en un espacio de menos de sesenta millas, hicieron muchas observaciones. No se contentaron con esto, pues avanzaron más hacia el Norte, siguiendo el rumbo que les podría llevar al río Jordan, que es el más bello de casi todo el Septentrión.

La toma de posesión de un nuevo territorio, en el período de expansión colonial de las potencias europeas en el siglo XVI, suponía una serie de rituales de apropiación, entre los cuales la imposición de una nueva toponimia. El primer bautismo en el Nuevo Mundo, fue el de la isla de San Salvador, en octubre de 1492. En efecto, a Cristobal Colón, no le bastó una toma de posesión notarial en nombre de los reyes de Castilla, sino que dejó un rastro toponímico casi sistemático. Los franceses hicieron lo mismo. Nunca se preocuparon por saber de qué modo los indios llamaban estos ríos que regaban su territorio. Además de esa marca nacionalista, interviene en el caso de la Florida, como en las demás colonias europeas, el respeto a lo religioso y su afirmación con el «bautismo» del río Jordán, que aparecía ya en los mapas de Patagonia, de principios de siglo.

4

V. Los franceses llegan a Puerto-Real *

En su progresión, los franceses encontraron un río que llamaron Beausite. Adelantándose a tres o cuatro millas más allá, se enteraron de que había otro río profundo de una extensión y de un encanto que superaba a los demás ríos. Fueron allá y lo llamaron Puerto-Real (*Port-Royal*), por su belleza y por su importancia. Amainaron las velas y echaron el ancla a diez cables. El jefe de la expedición, así como los soldados que bajaron a tierra constataron que el lugar era muy agradable. En efecto, estaba cubierto de robles, de cedros, y otros géneros de árboles. Según avanzaban, veían vuelos de pavos reales y ciervos que erraban por la selva. La desembocadura de este río tiene tres millas de ancho y se divide en dos partes, la primera orientada hacia el Oeste, la segunda hacia el Este. Esta parte (según la opinión de algunos), penetra hacia el interior del país en dirección del río Jordán. La otra desemboca en el mar, como se ha observado. Estas dos entradas se extienden sobre dos millas de ancho y en medio, se encuentra una isla cuya punta está en frente de la desembocadura del río. Los franceses subieron a bordo y penetraron en el meandro que se extiende al Oeste, para explorar sus ventajas. A unas dos millas de distancia, divisaron a una tropa de indios que en seguida se dieron a la fuga al ver los barcos, dejando en el suelo un lobo joven que estaban comiendo, por lo cual llamaron este lugar el promontorio del Lobo. Navegando más adelante, hallaron otra ramificación del río, procedente del Este, por donde el jefe resolvió seguir avanzando, abandonando la ramificación principal.

* En esta lámina, Le Moyne utiliza el mismo procedimiento que en las anteriores, o sea que propone al curioso lector, un panorama aéreo. Los barcos de los franceses, van adentrándose en el territorio de la Florida, donde pueden descubrir una naturaleza feraz y en el que la fauna y la flora se revelan prometedoras para la futura colonización. La descripción maravillada de los territorios descubiertos recuerda las descripciones entusiastas de textos más antiguos, relacionados con el Nuevo Mundo, como los de Cristóbal Colón o de Amérigo Vespucci, que no vacilaban en evocar el paraíso terrenal.

Prom. Lupi.

Portus Regalis, ſiue F. S. Helenæ.

VI. El jefe de los franceses manda erigir una columna con el escudo del rey de Francia *

Los franceses subieron a bordo y allí pasaron la noche. El jefe de la expedición mandó esculpir el escudo del rey de Francia en una columna, la cual cargaron en una lancha para colocarla en algún lugar agradable. Tres millas más lejos, los franceses encontraron un riachuelo. Luego de navegar cierto tiempo, se dieron cuenta de que desembocaba en un río más importante, el cual rodeaba con sus aguas una isleta separada de la tierra firme. Bajaron allí por lo agradable de su aspecto y su jefe ordenó que hincaran la columna en un montículo despejado. Luego divisaron dos ciervos de un tamaño gigantesco, mayores de los que habían visto anteriormente. Estaban a punto de matarlos pero su jefe, maravillado por su tamaño extraordinario, se opuso a ello. Antes de subir a bordo dieron el nombre de Libourne al río que rodeaba la isleta. Depués del embarco, quisieron explorar otra isleta, poco distante de la primera. Por no encontrar en ella, sino cedros de una altura que no habían visto en la región, la llamaron la isla de los cedros. Luego, volvieron a bordo. La isleta en la que fue hincada la columna está designada con la letra F en el dibujo.

* La penetración en las tierras de promisión, sigue bajo los mejores auspicios. El encuentro con los ciervos gigantes, recuerda las maravillas que se podían leer en los libros de caballería. Todo parece fuera de lo común. Es obvio que los franceses no querían dilatarse en sus viajes de exploración y que escogieron un lugar a la vez agradable y estratégico, para afirmar su toma de posesión. Le Moyne no indica el material, ni la dimensión de la columna, pero por la LETTTRE VENANT DE LA FLORIDE, se sabe que esta columna, o mejor dicho este mojón, era de «piedra blanca». Según el modelo anterior (lámina IX), no pasaba de los dos metros de alto.

VII. *Los franceses que permanecían en el Fort Charles padecen hambre* *

Poco tiempo después de la salida de la Florida del capitán Ribaut, los franceses que permanecían en el Fuerte Carlos (Fort-Charles), que dominaba el riachuelo que riega la isla, situada en la ensenada principal del Puerto Real, mirando al Este, empezaron a padecer de la falta de víveres. Después de concertarse sobre el medio de remediar a esta escasez decidieron que lo mejor era solicitar la ayuda del rey Ouaé y la de su hermano Covexcsis. Mandaron a algunos de ellos en una lancha los cuales progresaron a unas diez millas de distancia, donde encontraron un hermoso río de agua dulce, en el cual vieron numerosos cocodrilos mayores que los del Nilo. A lo largo de la ribera crecían altos cipreses. Después de una breve parada se adelantaron más allá y llegaron donde estaba el rey Ouaé. Este recibió a los recién llegados de modo muy humano. Estos le expusieron en qué situación se encontraban y le suplicaron que no les abandonase en tan dura necesidad. Ouaè fue muy comprensivo y mandó unos hombres para que pidieran habas y maíz a su hermano Covecxis. Covecxis accedió inmediatamente a este pedido. Dos días después por la mañana, volvieron los hombres de Ouaé, trayendo abastecimientos en la canoa. Alegráronse los franceses de tal liberalidad del rey y quisieron despedirse. El rey no quiso que se fueran e insistió para que se quedaran este mismo día, dándole un trato generoso. Dos días más tarde les mandó entregar todo las reservas que tenía disponibles de las cosechas de mijo y de maíz. Después de despedirse del rey los franceses regresaron por el mismo camino.

* Este comentario que insiste sobre la generosidad de los indios, prueba de su amistad y del trato pacífico que los franceses entablaron con ellos, revela sobre todo una situación de dependencia alimentaria de los colonizadores, que podía ser la fuente de disensiones, oposiciones entre ellos mismos y también con los que pobablan estas tierras y que tenían una economía de frágil equilibrio. La ilustración más famosa de las consecuencias de esa falta de previsión, se puede leer en el relato de Ulrico Schmidel, evocando la primera fundación de Buenos Aires.

VIII. Los habitantes de la Florida veneran la columna que había levantado el jefe de los franceses durante la primera expedición *

Cuando los franceses atracaron las costas de Florida, durante la segunda exploración, bajo el mando de Laudonnière, éste bajó a tierra acompañado por veinticinco hombres armados. Le saludaron los numerosos Indios que habían venido para ver a los recién llegados, entre ellos el rey Atore que habitaba a cinco o seis millas de allí y que le dio regalos y lo acogió de un modo muy humano. Explicó por señas a los franceses que deseaba que le siguieran, pues quería enseñarles algo extraordinario. Estos aceptaron, sin embargo viéndose rodeados por un tan gran número de indígenas, progresaron con mucha precaución. Pero el rey les condujo en la isla en la que Ribaut había levantado en un promontorio una columna de piedra sobre la cual estaba esculpido el escudo del rey de Francia. Al acercarse, los franceses vieron que los Indios adoraban esta piedra como si fuera un ídolo. Saludó la columna y después de enseñar cómo sus súbditos la honraban, la abrazó y los indios hicieron igual. Propuso a los franceses que hicieran lo mismo. Delante de la columna había una acumulación de cestos, repletos de frutos de aquel país, unas jarras llenas de aceites perfumados, unos arcos y flechas. Desde la base hasta la cumbre, la columna estaba adornada de flores de toda clase y de ramas procedentes de los árboles más raros. Después de observar los ritos de estos desdichados bárbaros, los franceses se juntaron con sus compañeros y trataron de encontrar cuál sería el lugar más apropiado para edificar un fuerte. El rey Atore era un hombre esbelto, prudente, honrado, modesto y serio, lo que ensalzaba todavía más su majestad. Se casó con su madre y de este matrimonio, nacieron varios hijos e hijas que llamó, dándose una manotada en el muslo. Después de su casamiento con su madre, su padre Saturiona no quiso saber nada de él.

Se trata de la lámina más conocida de toda la serie, pues es la más simbólica de aquella colonización efímera, que pretendía ser ejemplar. Además es el único grabado que se pueda comparar con una acuarela original, pues las demás se perdieron. Hay que notar, sin embargo, que la autenticidad de dicha acuarela ha sido discutida. En efecto, si fuera el modelo del grabador, la composición sería a la inversa, como en un espejo. Puede ser que no se trate de una obra directamente pintada por Le Moyne de Morgues, sino de una copia antigua elaborada a partir del grabado de Théodore de Bry. Sin embargo sobre nada hay certeza. (Véase p. 24).

El centro del grabado está ocupado por la columna que recuerda la toma de posesión de este territorio por Jean Ribault. La columna, algo idealizada, está rodeada de ofrendas que se presentan como un bodegón con valor didáctico. Hay una acumulación de cestas y ba-

nastas, de fabricación sin duda europea — lo que supone
una reconstrucción consciente o inconsciente—, de las
cuales desbordan frutas de colores vivos, bayas, verduras
y cereales. También se ven calabazas y escudillas, un
arco y una aljaba. El personaje principal, con su situación central y por su altura elevada es el rey Atore, modelo de belleza clásica. Su postura elegante recuerda la
del Apolo del Belvedere. Supera al jefe de los franceses
por una cabeza. Es dueño de su territorio y recibe su
huésped, con una actitud que expresa la generosidad y la
amistad. En la óptica de Le Moyne de Morgues, el este-
ticismo renacentista de este cuadro ensalza una amistad
inesperada y ejemplar, fruto de los buenos modales de la
colonización calvinista y glorifica la nueva tierra francesa de ultramar. Esta legitimación se apoya en la acep-
tación de los conquistados.

El escritor protestante francés Agrippa d'Aubigné,
entusiasmado, escribió en su Historia universal: «En
breve tiempo, los franceses fueron estimados en aquellos
países, como dioses». Por lo tanto, este grabado, se presenta como una imagen de propaganda.

IX. *Los franceses escogen un lugar para edificar una ciudadela* *

Después de explorar varios ríos de esta región, los franceses opinaron que lo mejor era fundar un establecimiento en el río de Mayo que era el lugar más conveniente. En efecto, en esta zona se había notado una abundancia mayor que en otras partes de mijo y de maíz, además del oro y de la plata que habían encontrado cuando el primer viaje. Por eso los franceses se dirigieron hacia este río, lo remontaron y se detuvieron cuando llegaron a un lugar próximo de la colina que les pareció más apropriado para instalar una ciudadela que los demás que habían visto anteriormente. Dos días más tarde al amanecer, después de rezar y dar gracias a Dios por su feliz llegada en aquella provincia, todos manifestaron una gran alegría. Midieron una superficie plana triangular y cada uno puso manos a la obra: unos cavaron el suelo, otros alzaron setos de ramas, otros baluartes. Cada uno tenía su apero de trabajo, pico, podadera, hacha, para derribar los árboles y para alzar la ciudadela. Su celo fue tal, que acabaron la obra en el espacio de poco tiempo.

* El lugar escogido para la edificación del fuerte, tenía que ser estratégico. La isla que se ve en el dibujo, impone una forma triangular y ofrece la defensa natural del agua que la rodea. A pesar de encontrarse en una región acogedora, donde los habitantes se mostraron en seguida hospitalarios, los colonos eran esencialmente militares y no imaginaban edificar una estancia parecida a la de los indios. Los mismos timucuas vivían en pueblos protegidos con una gran barrera de palos para defenderse de los ataques de los enemigos. Además, los franceses calvinistas, bien sabían que se habían instalado en un territorio que los españoles católicos consideraban como suyo.

F. Malf.

9.

X. Cual fue el plano de Fuerte Carolina*

Cuando se terminó su alzamiento en forma triangular, el fuerte fue llamado Fuerte Carolina. Por el lado del Oeste, frente a la tierra firme, estaba cerrado por una cuneta y por un atrincheramiento formado de montículos de tierra de nueve pies de alto. El otro lado frente al río, fue protegido por tablas de madera y por cañizos. Sobre la fachada Sur se alzaba una especie de baluarte, donde los franceses establecieron un almacén para conservar los abastecimientos. Edificaron el fuerte con ramas y con grava, con excepción de la parte superior del atrincheramiento donde alzaron montículos de tierra de dos o tres pies de altura. En medio del fuerte, se extendía un patio amplio, de dieciocho pies de largo, totalmente llano, en cuyo centro se reservó un lugar con exposición al Sur, donde se reunían los soldados. Por la parte Norte alzaron una construcción que, por su excesiva altura, fue al poco tiempo derribada por el viento. Por experiencia nos dimos cuenta de que era necesario alzar construcciones más bajas en aquella región donde soplaban vientos fuertes. Además existía otro espacio bastante extenso, el cual por un lado estaba contiguo con el almacén ya mentado. Frente al río, la casa de Laudonnière estaba rodeada por todos lados por una galería. La puerta delantera de dicha casa estaba frente al patio, la de atrás estaba frente al río. Se edificó un horno bastante alejado del fuerte, para evitar eventuales incendios, pues el fuego podía pegarse fácilmente a las casas cubiertas con ramas.

Está claro que el fortín fue edificado según las indicaciones de un arquiteco militar como lo revelan su forma, los baluartes y la instalación de ocho cañones. La bandera real de Francia no fue alzada para infundir respeto a los timucuas, ni siquiera como un reto al enemigo español. Era éste un ritual que sigue vigente en nuestros días. Para sustituir al Fort Charles, se bautiza el nuevo Fuerte Carolina, también en honor del rey de Francia, Carlos IX.

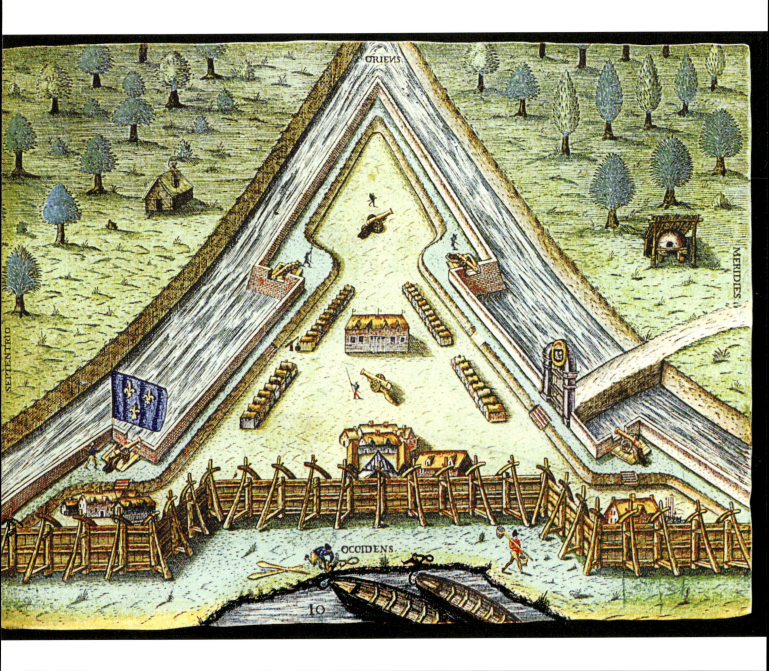

XI. Ceremonias celebradas por Saturiana antes de guerrear *

En el relato de la segunda expedición, se ha comentado que los franceses habían firmado un tratado de alianza y de amistad con el poderoso rey Saturiana que era su vecino para que les fuera posible alzar un fuerte en su territorio, lo que les obligaba tener los mismos amigos y los mismos enemigos y ayudarse mutuamente si se diera la ocasión. Unos tres meses después de la firma del tratado, el rey solicitó ayuda de parte de Laudonnière, pues tenía proyectado guerrear. Laudonnière le mandó el capitán Caillot con algunos soldados y le hizo comunicar que por el momento, no era posible disponer de más hombres, porque tenía la esperanza de que se reconciliase con su enemigo. El rey fue enojado por la respuesta, pero no podía postergar su expedición. En efecto, había reunido los abastecimientos necesarios y había citado a los reyes vecinos, por lo cual resolvió salir en seguida. Con este propósito, en presencia de los soldados que le había mandado Laudonnière, juntó sus guerreros emplumados y gastando otros adornos a la moda india. Estos se sentaron en torno a él. A su izquierda, prendieron fuego a una hoguera y a su derecha colocaron dos grandes vasijas llenas de agua. Como si fuera preso de una violente cólera, el rey entornó los ojos con una expresión terrible. Empezó hablando en voz baja luego haciendo aspavientos, echó gritos horribles que repitieron los guerreros. Al mismo tiempo se pegaba ambos muslos, haciendo ruido con sus armas. El rey tomó luego una bandeja de madera, se volteó hacia el sol, adorándole y le pidió que venciera a sus enemigos, que tuviera la oportunidad de verter la sangre de sus enemigos, del mismo modo que lo iba a hacer con el agua que llenaba la bandeja. La tiró hacia arriba con un ademán rápido, la cual recayó en sus soldados: «¡Ojalá yo hiciera con la sangre de vuestros enemigos lo que acabo de hacer con esta agua!». Tiraron al fuego el agua que llenaba la segunda vasija y entonces el rey se exclamó: «¡Ojalá pudiera apagar así vuestros enemigos y reducirles a la nada!» Luego, todos se pusieron de pie y dando la espalda al río, emprendieron la marcha.

* Este grabado nos introduce en un mundo distinto del anterior. En esta escena de reunión colectiva no hay más que guerreros timucuas, que se ven aquí detalladamente por primera vez. La escena no es idílica sino amenazadora. En primer término, a la derecha, o sea en lugar preferente el rey Saturiana, con el cuerpo atlético adornado de pinturas y tatuajes, en postura teatral, anima a sus hombres. En el fondo, las cabezas de los indios forman una serie horizontal que cierra el espacio para evocar su gran número. Ya tal vez se comprende mejor el refugio edificado por los franceses que, de todos modos van a ser involucrados en las luchas tribales de los floridianos.

XII. En el momento de irse a guerrear, Utina consulta a los magos *

Laudonnière mandó a algunos súbditos de Olata Uae Utina, el cual vivía a unas cuarenta millas del fuerte de los franceses hacia el Sur, para que se reuniesen con su rey. Estos hombres eran prisioneros que habían sido cautivados por su enemigo Saturiana durante una contienda anterior. Según los términos de un pacto solemne, se prometieron una amistad recíproca. Lo que motivó este tratado era que de este modo se podía circular por el territorio de dicho rey, lo que permitía un paso terrestre y fluvial para alcanzar los montes Apalaches donde se encuentra oro, plata y cobre. Merced a la amistad de este rey (que apenas duró un año), los franceses podían penetrar con más libertad hasta los susodichos montes. Refiriéndose a esta amistad, Utina pidió a Laudonnière que le ayudase con el refuerzo de algunos soldados, pues quería guerrear contra su enemigo. Llegaron veinticinco hombres bajo el mando de Ottigny. El rey los acogió con mucho gusto, esperando vencer gracias a su ayuda, pues la fama de los cañones se había propagado en las regiones vecinas e inspiraban el terror. El rey se había preparado para la guerra y todos emprendieron la marcha. El primer día, el camino resultó ameno, el segundo, más difícil pues había que cruzar terrenos pantanosos y cubiertos de abrojos, por lo cual los indios tuvieron que cargar los franceses a hombros, lo que les alivió mucho a causa del fuerte calor. Por fin, alcanzaron las fronteras. El rey ordenó al ejército que hiciera alto, llamó a un mago de más de ciento veinte años de edad y le exigió que expusiera cual era la situación de los enemigos. El mago preparó un espacio en medio del ejército y dirigiéndose a Ottigny, le pidió que le diera el escudo que enarbolaba su hijo. Lo consiguió y lo puso en el suelo. Dibujó a su alrededor un círculo de cinco pies de diametro, donde inscribió algunas letras. Se instaló sobre el escudo, se arrodilló, sentóse en los tacones, de modo que no estaba en contacto con el suelo por ninguna parte. Murmurando no sé qué, hacía ademanes como si pronunciara un discurso vehemente. Después de un cuarto de hora su aspecto era tan terrible que su cara no tenía ya nada de humano. Se contorsionaba con tanta fuerza que se oyó el crujido de sus huesos y además, hacía otras cosas fuera de lo humano. Por fin, agotado y como estupefacto, volvió a su aspecto primitivo. Salió del círculo, saludó al rey y le indicó cual era el número de sus enemigos y en qué lugar les esperaban.

* Los franceses, en la parte derecha del documento, asisten a esta ceremonia y dos entre ellos, a pesar de su aparente indiferencia, parecen hacer comentarios. La imagen expresa aquí otra cosa más que lo que reza el texto.

Se puede establecer una clasificación de las imágenes que ponen en escena indios y franceses:

1) Los grabados que evocan los primeros contactos donde el paisaje tiene más importancia que los personajes.

2) Las composiciones en las cuales Le Moyne de Morgues pinta los soldados observando de cerca o comentando un ritual de los indios.

3) La tercera categoría, se aplica preferentemente a la personalidad de René de Laudonnière que está dialogando, aprobando o comentando los rituales, a menudo crueles, que está presenciando y se encuentra en situación de complicidad con los reyes Atore y Utina.

XIII Utina vence a su enemigo, gracias a los franceses*

Al oír estas palabras, el rey se espantó de tal manera que ya no tenía ganas de atacar a su enemigo sino de volverse hacia atrás, lo que provocó la indignación de Ottigny quien no aceptaba que después de tanto trabajo no se consiguiera ningún resultado. Dijo a Utina que lo consideraba como un hombre ruín y no como un rey por su falta de atrevimiento. Luego lo injurió y lo amenazó para obligarle a atacar al enemigo. Obtuvo su consentimiento, colocando a los franceses en primera fila. Si éstos no hubieran aguantado toda la intensidad del combate matando a un gran número de enemigos, no cabe duda de que Utina hubiera sido vencido. Todas las predicciones del mago se realizaron. Es cierto que este hombre había sido inspirado por algún genio. Utina se regocijó de la huída de sus enemigos reunió a sus hombres y los mandó a sus casas. Esta decisión provocó nuevamente la indignación de Ottigny que hubiera preferido completar su victoria.

> *Esta composición de un combate muy organizado entre dos ejércitos que ocupan con su número una extensa llanura, recuerda los lienzos de batallas renacentistas. Pone de realce el contraste entre las armas de fuego y los arcos, entre la espada y la porra que amenazan a los dos protagonistas del primer término. El combate da una impresión de organización y de orden, los combatientes conservan unas posiciones elegantes.*

XIV. Disciplina militar de los soldados de Utina saliendo a guerrear.*

Cuando el rey Saturiana sale a guerrear, sus soldados progresan desordenadamente, esparcidos por todos lados y luego se juntan sin organización. Por lo contrario, su enemigo Olata Utina, considerado como el rey de los reyes, pues era superior por el número de sus súbditos y por sus riquezas, se adelanta con sus tropas ordenadas en orden de batalla. El, está solo en medio de la tropa, pintado de rojo. Unos jóvenes se hallan en los grupos laterales, ellos también pintados de rojo. Los guerreros más ágiles tienen el papel de corredores y de obsevadores de las tropas enemigas. Husmean su rastro como si fueran perros salvajes y luego de localizarse, vuelven corriendo hacia los suyos para dar noticia. Lo mismo que nuestros soldados anuncian con trompetas y tambores los movimientos militares, entre ellos hay heraldos que gritan de cierta manera para indicar cuando hay que pararse o cuando hay que ir hacia adelante, enfrentarse al enemigo o iniciar cualquier otro ejercicio. Se paran cuando se pone el sol y no combaten nunca de noche. Cuando es necesario instalar un campamento se dividen en compañías, en las que van separados los más valientes de los demás. Cuando el rey ha elegido un lugar en el campo o en la selva para pasar la noche, después de que hubiese cenado y de que se hubiese acostado, los maestres de campo disponen diez escuadrones a su alrededor que integran los hombres más valientes. A unos diez pasos de distancia, veinte escuadrones más forman otro círculo alrededor del primero. A unos veinte pasos añaden un círculo de cuarenta escuadrones y siguen aumentando de este modo, según la importancia del ejército.

Esta lámina, ensalza los méritos guerreros de los timucuas, considerando que Le Moyne quiere expresar que el desorden es el salvajismo, mientras que la organización supone un alto nivel de cultura. Comparables a guerreros de la Antigüedad los indios de Florida manifiestan su valor, su disciplina y su elegancia. Además, ellos tienen una habilidad suplementaria de la que carecen los europeos propia de su cultura, que consiste en seguir las pistas y los rastros.

Los tres caciques del primer término proponen nuevos modelos estéticos, que ostentan el exotismo de sus pinturas y tatuajes así como sus adornos corporales. En esta revista, tres tocados distintos revelan la importancia y la diversidad de los adornos militares: una piel de lobo cerval que cubre la cabeza y la espalda, un moño muy elaborado, realzado con plumas de diferentes colores y la piel de un águila cuyas garras se distinguen debajo de las orejas del cacique indio. Los pectorales de oro y plata forman parte de los adornos habituales con los colla-

res que ostentan en el cuello, en los brazos y en las pier-
nas. Su manera de vestir adaptada al clima, es tan ela-
borada como la de los franceses.

XV. De qué modo los soldados de Utina trataban a sus enemigos vencidos *

Durante todo el tiempo de las relaciones entre los franceses y Utina en su guerra contra sus enemigos, no hubo ninguna batalla campal. Sólo participaron a emboscadas y a sustituciones tácticas de soldados cuando regresaban de una expedición. Entre estos indios, el rey que es el primero en provocar la huída de su enemigo se considera como victorioso, aunque sea el más cobarde y aunque el número de sus bajas sea mayor. En estas escaramuzas los que caen, son inmediatamente arrastrados fuera de la pelea por hombres especializados en dicha tarea. Utilizando una caña más puntiaguda que cualquier navaja, desuellan la piel del cráneo con los cabellos. Los cabellos más largos, los retuercen en una trenza. En cuanto a los de la frente o de la nuca, fabrican con ellos un rollo de dos dedos de ancho al modo de una cinta de gorro. Seguidamente -si les da tiempo-, cavan un hoyo en el suelo donde prenden un fuego que alimentan con musgo y que ventilan con sus cinturones de cuero. Cuando arde el fuego, secan las pieles de los cráneos y así se endurecen. Finalizada la batalla, suelen cortar los brazos de los vencidos a la altura del hombro y las piernas a la altura del muslo. Separan los huesos de los músculos y entonces los rompen. En este mismo fuego ponen a secar los trozos goteando de sangre. Después de estas operaciones regresan triunfalmente a su casa, llevando las cabelleras con su piel en la punta de las lanzas. Lo que me sorprendió (pues yo participaba del grupo que había mandado Laudonnière bajo las órdenes de Ottigny), es que antes de abandonar el terreno del combate, siempre ensartan de un lado a otro, los cadáveres de los enemigos mutilados con una flecha que penetra por el ano. Mientras dura esta tarea les rodea siempre una tropa de protección.

El dibujante organiza la imagen en tres términos. El primero, a la izquierda, es sin duda alguna el más violento. Muestra con un gran realismo el encarnecimiento sanguinario de los guerreros sobre los cuerpos de los vencidos, pero a pesar de todo la belleza plástica del cuerpo «disecado» atenúa la impresión de horror.

Le Moyne de Morgues no manifiesta ninguna indignación, no expresa ningún juicio negativo en su comentario distanciado. Lo que escribe no pasa de ser una descripción técnica, quirúrgica, podríamos decir, reveladora de un interés etnográfico pero no de un rechazo. En efecto, en esta descripción de las prácticas del corte de la cabellera y del desmembramiento no se puede leer ninguna apreciación despectiva, a lo más una sorpresa en cuanto a la costumbre del ano horadado. Tal posición recuerda a la de Michel de Montaigne comentando la antropofagia ritual de los tupinambas, cuando opina que «es su costumbre !».

Le Moyne relata con interés y con sorpresa pero no emite ningún juicio. Lo que llama su atención en esa evocación —en parte imaginaria—, es la conjunción de la precisión anatómica con una estética de la crueldad que en la visión europea, sigue formando parte integrante del mundo americano.

Ese realismo sangriento no afecta la imagen dominante que es la de la belleza plástica que confiere la vida natural.

El grabado está dividida por una línea diagonal: el primer término que ocupa toda la parte izquierda, está dominada por el arma cortante, el segundo término por el trofeo orgullosamente enarbolado y por fin, a lo lejos la prisa de los vencedores para regresar al pueblo.

Las tres escenas consecutivas se encadenan perfectamente en el espacio del grabado en una composición armoniosa.

XVI. Exposición de los trofeos y ceremonias destinadas a celebrar la derrota de los enemigos *

De regreso a su pueblo, los guerreros se juntan en un lugar determinado donde amontonan las piernas y los brazos y colocan la piel de las cabezas de sus enemigos sobre unos postes hincados en el suelo. Hombres y mujeres se sientan formando un círculo y el mago, después de mascullar mil imprecaciones, maldice a los enemigos. En una de las extremidades del terreno tres hombres están sentados con las rodillas dobladas. Uno de ellos, asiendo una porra con las dos manos da golpes en una piedra llana, como haciendo eco a las palabras del mago. A su derecha y a su izquierda están sentados dos hombres más. Mantienen entre sus manos la fruta de cierta planta que se parece a una calabaza o a un melón. Después de horadar esta fruta por ambos lados, vacían su contenido y la dejan secar. Luego las llenan con canicas o con semillas. Luego introducen una varita y las agitan. El sonido que entonces producen estas calabazas se parece al de unas campanitas. Todas estas ceremonias que celebran cuando han cautivado enemigos vienen acompañadas por cantos tradicionales.

En el primer término, el rey Utina supera por una cabeza al jefe de los franceses con quien parece dialogar con amenidad. Tal vez Laudonnière había aprendido unas cuantas palabras del idioma timucua o Utina sabía algo de francés (?). Le Moyne no proporciona ninguna información al respecto. Los modales del indio son parecidos a los de los europeos lo que parece establecer una corta distancia entre el «salvaje» y el «civilizado». La escena del segundo término produce un contraste por su «primitivismo». Sin embargo Le Moyne no hace ningún comentario, su descripción se mantiene en los límites de la documentación etnográfica.

XVII. Tareas reservadas a los hermafroditas *

En este país hay numerosos hermafroditas que tienen uno y otro sexo y que nacieron con padres indios. Por su fuerza y robustez ellos sirven para llevar cargas, como suelen hacerlo las acémilas. Cuando los reyes se marchan a guerrear los hermafroditas son quienes llevan los abastecimientos. También colocan a los indios muertos a consecuencia de heridas o de enfermedad en una camilla que se compone de dos pértigas bastante recias, unidas por varitas cilíndricas, cubiertas con una estera de cañas finas. Las cabezas descansan sobre unas pieles. Unas pieles mantienen también la barriga, las caderas y la parte inferior de las piernas. No pregunté por el origen de esta costumbre pero supongo que no sirven más que de adorno, pues a veces atan las piernas, sin más. Después toman cinturones de cuero de tres o cuatro dedos de ancho cuyas extremidades atan a las pértigas y las mantienen con la frente que tienen muy dura. De este modo llevan los muertos al lugar de su sepultura.

La definición que propone Le Moyne de los «hermafroditas» es rápida y evidentemente errónea. Es curioso que la presencia y el papel que desempeñan estos individuos no le planteen más interrogaciones. Utiliza un término mitológico y recalca la diferencia que existe, entre ellos y los guerreros «normales». Tienen un aspecto afeminado y su estatuto social, se aparenta al de las mujeres pero tienen una complexión y una fuerza superiores a los demás hombres, lo que tampoco se explica. Esta categoría, conocida como «berdaches», entre los indios natchez, fue a menudo observada entre los indios de la grandes praderas del Norte. A los hombres que integraban esta categoría no se les consideraba desviantes ni tampoco marginales, sino que formaban parte integrante del grupo y de la sociedad, aunque su estatuto social era diferente.

XVIII. Demandas que hacen las mujeres cuyos maridos han sido matados en la guerra o que murieron de enfermedad.*

Las mujeres cuyos maridos perecieron en la guerra o murieron de enfermedad, suelen reunirse el día, a su parecer, más conveniente para dirigirse al rey. Se acercan de él, abrumadas por el dolor, se sientan en sus tacones y cubriéndose la cara con las manos, echan gritos y gemidos. Piden al rey que vengue a sus maridos difuntos y que les proporcione lo necesario para vivir durante el tiempo de su viudez y que les autorice volver a casarse después del período previsto por la ley. El rey apiadándose, les concede sus demandas. Regresan a sus casas llorando y gimiendo, lo que es una prueba de que querían a sus maridos. Después de algunos días de duelo se dirigen a las tumbas de sus maridos donde llevan las armas y las copas en las que bebían y luego vuelven a llorar y a celebrar otras ceremonias fúnebres.

*Se trata de una de las láminas en la que la preocupación estética del dibujante se valió de un tema etnológico para realizar un cuadro admirablemente estructurado. La importancia otorgada a los cuerpos femeninos llorando bajo sus ondulantes cabelleras, le confiere cierta originalidad. En el primer término van apretadas unas contra otras, unidas en un dolor común, formando un óvalo compacto a los pies de un rey condescendiente y soberbio. El lenguaje de los cuerpos se continúa en la composición general que está formada precisamente, por dos óvalos complementarios. En el segundo término, los franceses que el pintor suele representar con sus armas, aparecen como testigos bastante indiferentes pero bien integrados al grupo de los guerreros timucuas representados un poco más lejos, los cuales rivalizan con ellos de elegancia. La preocupación etnográfica evidente que manifiesta Le Moyne de Morgues en la composición de esta escena, encaja perfectamente con su deseo de creación artística.

XIX. Rituales de luto de las viudas *

Al llegar cerca de las tumbas de sus maridos, en recuerdo de aquellos hombres valerosos, se cortan los cabellos debajo de las orejas y los esparcen en las tumbas encima de las cuales depositan las armas de sus esposos y la copas donde solían beber. Luego regresan a su choza pero se niegan a casarse de nuevo. Esperan que sus cabellos hayan crecido hasta que les cubran los hombros. También dejan crecer las uñas de las manos y de los pies cortándoles por los lados para que se vuelvan puntiagudas. Pero esta costumbre es más bien específica de los varones pues, cuando pueden agarrar algún enemigo, le clavan las uñas en la frente y le arrancan la piel, dejándole ciego y ensangrentado.

* El ritual del pelo cortado se aparenta a distintas manifestaciones de luto en varios grupos humanos. La composición en diagonal revela la fuerza y también la gracia de las mujeres timucuas. En el primer término, los objetos mortuorios que recuerdan el valor guerrero con la aljaba y las flechas, unido a los placeres de la vida simbolizados por las enormes conchas que les servían de copa, revela el carácter efímero le la vida y de la misma tumba por la ausencia de cualquier monumento funerario.

XX. Del modo que usan los indios para curar a los enfermos *

Suelen curar las enfermedades del siguiente modo. Como lo muestra el grabado los indios fabrican esteras largas y anchas sobre las cuales instalan a los enfermos. Con la ayuda de una varita puntiaguda perforan la piel de la frente y chupan con la boca la sangre que luego escupen en una escudilla de barro o en una calabaza. Las mujeres que dan el pecho o que padecen de alguna enfermedad beben esta sangre cuanto más si se trata de la de un adolescente vigoroso, para que se bonifique su leche. Otros enfermos echados de bruces, respiran fumigaciones que se consiguen al tirar ciertas semillas al fuego.

En esta reseña de los elementos más característicos de la vida cotidiana de los timucuas que trata de mostrar el pintor no faltan las maneras de curar las enfermedades. Le Moyne no alude a los eventuales heridos en el campo de batalla. Se puede establecer cierto paralelismo con la medicina europea de la época que también usaba de las sangrías y de las fumigaciones. Sin embargo se nota un elemento nuevo, el uso del tabaco. Si el uso de esa planta tendría una importancia creciente en Europa a partir del siglo XVIII, era casi desconocida o de uso muy escaso en la época del Renacimiento a pesar de que Cristobal Colón lo haya descubierto en su primer viaje. Otro testimonio de su empleo entre los indios es él del viajero André Thevet, miembro de la expedición francesa en Guanabara, que lo describe y lo la llama «hierba de Angulema». El relativo éxito de esta planta, procedió del embajador Jean Nicot que recomendó su uso a la reina Catalina de Medicis, para curar las jaquecas de las que padecía su hijo Francisco II, por lo cual se llamó «hierba de la Reina». En lo que fue la Virginia se criaba también dicha planta que empezó a fumar Walter Raleigh, lo mismo que el francés que se puede observar en la lámina n° XXXV, quien apreciaba ya la famosa droga.

XXI. Cultivos y siembras *

Los indios se afanan mucho en cultivar la tierra. Aprendieron a fabricar azadas con huesos de pescados a las cuales adaptan palos. De este modo pueden fácilmente cavar la tierra pues es bastante blanda. Después de removerla y rastrillarla siembran habas, mijo y maíz. Precediendo a los sembradores hay gente que, con un palo hacen hoyos en el suelo en donde tiran la semilla de la haba y del mijo. Después de acabada la siembra, abandonan el campo. En efecto es entonces la estación del invierno que es bastante frío en aquella región situada entre el Oeste y el Norte y que tiene una duración de tres meses, entre el 24 de diciembre hasta el 15 de marzo.

Los indios que siguen desnudos van a refugiarse en las selvas. Acabado el invierno regresan a sus casas, esperando el momento de la cosecha.

Le Moyne proporciona detalles sobre el clima de una región que se puede definir como templada y sobre todo insiste en la importancia de la agricultura para la vida de la comunidad. Indica de esta manera que los timucúas estaban en vía de sedentarización y por consiguiente de «civilización», lo que supone una instalación definitiva en un lugar conveniente. La azada «con hueso de pescado» no es la que viene representada, la cual tiene mucha semejanza con un apero europeo.

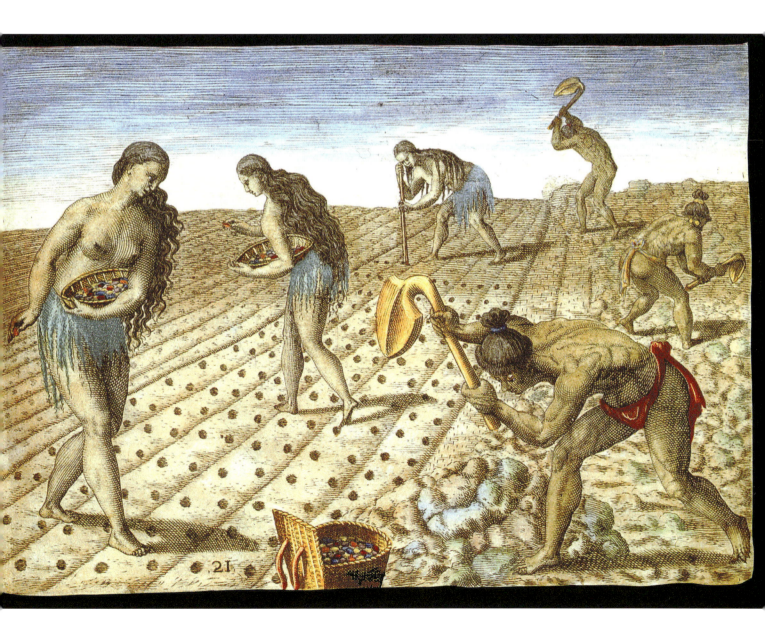

XXII. Los indios de Florida conservan el fruto de sus cosechas *

En este país hay un gran número de islas que producen en abundancia frutas variadas que se recogen dos veces al año y que los indios cargan en canoas y llevan a sus casas. Luego, las amontanan en un almacén sencillo pero ámplio edificado con tierra y guijarros. Está cubierto con ramas tupidas y por una categoría de tierra blanda destinada especialmente para este empleo. Este almacén suele ser edificado en lo alto de una colina o sobre una peña próxima al río. Es necesario que no puedan penetrar en él los rayos del sol para que no se dañen las frutas. Además de las frutas los indios amontonan en sus almacenes otra categoría de víveres que desean conservar. Los consumen cuando los necesitan sin temor de que uno perjudique a otro, pues cada uno no toma más que lo necesario. ¡Ojalá fuera lo mismo entre los cristianos y que la codicia no atormentara la mente de los hombres!

La reflexión sobre la generosidad y la ausencia de avaricia entre los indios es ya a fines del siglo XVI un tópico del «buen salvaje», presentado como un modelo de virtud natural, pero es notable en el texto, porque son escasas la comparaciones directas entre las culturas indígenas y europeas.

XXIII. *Conservación de la caza y de otros abastecimientos* *

En cierta época del año los indios amontonan toda clase de caza, de pescado y hasta cocodrilos. Llenan cestos que cargan en sus hombros los hermafroditas de pelo crespo de quienes ya hemos hablado. Lo llevan todo en graneros. No se consumen estos víveres sino en caso de extrema necesidad. Los indios se los reparten lo que revela hasta qué punto son pacíficos. Sin embargo el rey tiene derecho a tomar todo lo que quiera.

* Este nuevo elemento recalca un aspecto de organización y de previsión que ya pertenecen a las culturas fijas y que se oponen a la economía aleatoria de los nómadas. La existencia de graneros y almacenes ya había sido notado con admiración por los conquistadores del Perú, graneros de los que se valieron para alimentar sus tropas. La repartición de los víveres y el papel todopoderoso del rey eran también características de la cultura inca.

XXIV. Enjugamiento del pescado, de la caza y demás víveres *

En vista de conservar largo tiempo la carne de aquellos animales proceden del modo siguiente: hincan en el suelo cuatro horcas de palo sobre las cuales disponen varas y en éstas colocan los animales y los pescados. Encienden fuego por debajo, con el fin de que se vaya secando la carne por el humo. Los indios lo hacen con mucho cuidado. El enjugamiento tiene que ser perfecto, para que no se dañen los víveres (fíjense en el grabado). Imagino que preparan estos víveres para los meses de invierno que pasan en las selvas. Durante esta temporada, no pudimos obtener nada de su parte. Como lo dijimos ya, el almacen es una cueva o un lugar resguardado cerca de un río y bastante cerca de una selva grande de donde pueden traer los víveres en caso de necesidad.

El procedimiento de conservación por el fuego y el humo, es idéntico al que utilizarán los bucaneros de las Antillas en el siglo XVII. Aquí, Le Moyne de Morgues recalca un aspecto que aparentan los «bárbaros» a los «civilizados» o sea, primero el cuidado que tienen en la elaboración de un producto necesario a la vida colectiva, pero sobre todo la noción de previsión. Ya no se trata de salvajes que viven al día, sino de un grupo que se instala por un período duradero.

XXV. Caza del venado *

No hemos visto por ninguna parte una manera de cazar el venado parecida a la de los indios. Se meten en la piel de los mayores venados que mataron, de tal modo que sus cabezas se encajen en las de los animales. Los hoyos de los ojos les permiten mirar como a través de una máscara. Con este disfraz, se acercan lo más posible de los venados que no tienen miedo. Anteriormente habían observado en qué momento los animales suelen venir para beber en el río. Con el arco y las flechas en la mano, pueden con facilidad apuntar a los venados que son muy numerosos en este país. A pesar de todo, toman la precaución de protegerse el brazo izquierdo con una corteza de árbol para que no les hiera la cuerda del arco y eso por haberlo escarmentado. Saben curtir de modo maravilloso las pieles de venados que desuellan, valiéndose de unas conchas. A mi parecer, nadie en Europa podría rivalizar con ellos en lo que atañe a dicha operación.

Es de notar que el tema iconográfico de la caza es muy corriente en la época del Renacimiento y que los venados no tienen nada de exótico para los europeos. Sin embargo, el cuadro está fuera de lo común y cobra una particular originalidad por la artimaña usada por los cazadores. Además tiene un notable valor estético. Es de notar otra vez, el tono de admiración con el cual Le Moyne habla de los indios.

XXVI. Caza del cocodrilo*

El modo de cazar el cocodrilo es el siguiente: a orillas del río edifican una pequeña choza con hoyos y hendiduras en la que se instala una centinela que tiene la capacidad de ver y de oir los cocodrilos desde lejos. Estos, hostigados por el hambre reptan fuera del río y de las islas en busca de una presa. Cuando no hallan nada, echan unos gritos tan espantosos que se les puede oír a medio milla de distancia. Entonces la centinela llama a los cazadores que se mantienen listos. Agarrando el tronco de un árbol de diez o doce pies de largo, se acercan del animal y en el momento cuando abre las fauces hacen penetrar con fuerza la parte más puntiaguda del árbol de tal manera que ya no pueda desembarazarse de ella por las puntas y por las asperidades de la corteza. Vuelcan luego el cocodrilo de espaldas, pues el vientre es la parte más blanda de su cuerpo y lo aporrean. La espalda del animal es impenetrable a causa de las ásperas escamas que lo encubren y cuanto más viejo es, peor. Esta es la manera que tienen los indios de cazar los cocodrilos, animales que son tan importunos que para protegerse de ellos, tienen que entrar de guardia de noche y también a veces de día, como lo hacen en contra de sus enemigos más temibles.

Con esta descripción etnógrafica de una caza peligrosa y con la representación exagerada de un aligator que se aparenta a un monstruo novelesco, La Moyne quiere impresionar el lector. Es cierto que existen en Florida unos saurios de grandes dimensiones, pero aquí lo excepcional está presentado como lo cotidiano. A la izquerda, se puede notar la torre desde la cual una centinela dio la alarma. La caza del aligator era una necesidad defensiva. En la Copie d'une Lettre venant de Floride (1565), se comentaba que estaba previsto mandar a Francia la piel de un cocodrilo «que tenía brazos como los de una persona».

XXVII. Diversiones de los indios que llegan a las islas *

Esta región es abundante en islas muy agradables como ya lo vimos en los grabados anteriores. Los ríos no son profundos, puesto que el agua límpida y pura, apenas llega al pecho. Cuando los indios quieren divertirse van a aquellas islas con sus mujeres y sus hijos. Cruzan el río nadando (pues son peritos en este arte) o caminando, cuando van con sus niños. Las madres pueden llevar tres de ellos a la vez, el más chico en sus hombros cogiendo sus brazos con una mano y dos más, bajo los sobacos. Con la mano que les queda libre, las mujeres tienen asido un cesto lleno de frutos o de provisiones para el almuerzo. Temiendo un encuentro con los enemigos, los hombres llevan arco y flechas. Para evitar de mojar sus armas, colocan la aljaba en su cabeza, asiendo con una mano el arco armado con una flecha listo para la defensa, como se puede observar en nuestro grabado.

Este grabado propone una evocación a la vez idílica y familiar, pero revela también el cuidado permanente y la inseguridad de la vida cotidiana de los indios en cualquier momento. Además describe detalladamente las mañas y habilidades de los indios y de las indias. Es de subrayar el valor estético de dicha escena.

XXVIII. Preparaciones de los festines *

Para los festines que suelen celebrar a ciertas épocas del año, los indios tienen cocineros especialmente selectos. Empiezan colocando un gran recipiente de barro de forma circular (tan bien elaborado que el agua hierve dentro lo mismo que en nuestras fuentes), encima de leños a los que prenden fuego. Uno de ellos agita con la mano un abanico chico para avivar las llamas. El jefe de los cocineros echa en la olla los alimentos para cocer, otros vierten agua en un hoyo del suelo para limpiar, éste lleva agua en un un recipiente en forma de cubo, éste otro aplasta en una piedra llana las hierbas y semillas aromáticas, que se esparcerán sobre los alimentos. Las mujeres están ocupadas en separar todo lo necesario para la cocina. Con excepción de aquellos grandes festines, los indios suelen ser sobrios en su alimentación, lo que les permite tener una larga vida. En efecto, uno de sus reyezuelos me afirmó que tenía trescientos años y que su padre que me enseñaba con la mano tenía cincuenta años más que él. A decir verdad, estaba en los puros huesos. El modo de vida de aquellos indios, tiene que avergonzar a los cristianos quienes por sus borracheras y por sus comidas excesivas se acortan la vida. Les convendría que siguieran el ejemplo de estos hombres bárbaros, para que aprendieran la sobriedad.

Esta lámina tiene pocos elementos etnográficos a pesar de los personajes y utensilios que la componen. Le Moyne representa las vasijas, las fuentes, los cubos, según el modelo europeo y desgraciadamente no proporciona ningún dato relativo al arte de la cerámica ni a la gastronomía de los timucuas. Con su visión positiva de la alteridad, recalca la sobriedad de los «bárbaros» que sería bueno según él, que sirviera de modelo a los tragones «civilizados». Esta reflexión, es característica del ascetismo calvinista. Parece acertada la constatación: «los indios suelen ser sobrios en su alimentación lo que les permite tener larga vida», pero es algo disparatada la estimación de la edad de los ancianos. Tal vez Le Moyne se pregunta si no se bañaron en la fuente de juventud, que la leyenda sitúaba en la isla cercana de Biminí.

*XXIX. De qué modo los pueblos de Florida discuten de los asuntos serios **

Ciertos días del año, el rey suele reunirse con los nobles en un lugar especialmente escogido. Allí, hay un banco de grandes dimensiones en forma de hemiciclo en el centro del cual hay un asiento separado fabricado con leños, donde se sienta el rey. Lo ocupa solo, para distinguirse de los demás que vienen uno trás otro a saludarle. Los ancianos, son los primeros en inclinarse alzando las manos a la altura de la cabeza y profiriendo unos *ha, he, ya, ha, ha,* a los cuales los demás contestan, *ha, ha.* Después de saludar al rey, cada uno regresa a su banco. Si se trata de un asunto serio, el rey llama primero a los *Jacias* es decir los sacerdotes y los ancianos y cada uno de ellos tiene que darle su parecer. En efecto, los indios no toman ninguna decisión sin reunir primero el consejo y después de deliberar. Luego, el rey ordena a las mujeres que elaboren el *casiné*, brebaje compuesto con el jugo de ciertas plantas. Entonces, un indio abriendo los brazos, dirige unas plegarias al rey y también a los que van a beber. Luego, el escanciador presenta la bebida primero al rey en una concha, luego conforme lo ordena el rey, hace pasar sucesivamente el recipiente a los demás asistentes. Este brebaje es de tanto aprecio entre ellos, que nadie en la asamblea está autorizado a beberlo si no ha mostrado su valor en la guerra. Después de tragar esta bebida, uno se pone sudoroso. Por lo cual, los que no pueden soportarla la vomitan. A estos, no se les atribuirá ningún cargo militar. En efecto, se los considera como seres inútiles, puesto que a menudo es necesario privarse de alimentos durante tres o cuatro días. Después de absorber dicho brebaje uno puede quedarse veinticuatro horas sin beber ni comer. Por eso, al salir las expediciones los hermafroditas no llevan nada más que esta bebida en botas hechas con calabazas o en recipientes de madera. El *casiné* alimenta el cuerpo y le da fuerzas y no sube a la cabeza como pasa en nuestros festines.

* Le Moyne de Morgues, siguiendo en su posición admirativa, sugiere que los «civilizados» podrían inspirarse de los «bárbaros» en su sistema político: en efecto, subraya que entre los indios el ejecutivo supone una deliberación de tipo parlamentario en la que participan los principales personajes del grupo.

La bebida ritual tiene también un valor positivo para sostener el cuerpo y para que pueda resistir a las fatigas, mientras que las bebidas alcohólicas europeas entorpecen y tienen por consiguiente un valor natural y moral «negativo». Ya hemos visto que para Le Moyne el ascetismo era la virtud necesaria.

XXX. Edificación de fortalezas por los indios de Florida *

Los indios edifican sus pueblos del modo siguiente. Escogen un lugar conveniente cerca de un torrente y lo allanan lo más posible. Luego trazan un surco circular e hincan en el suelo grandes postes redondos muy apretados unos a otros, de la altura de dos hombres. La entrada del pueblo está formada por la valla que se va haciendo más estrecha en forma de espiral, de modo que no puedan pasar más de dos hombres a la vez. La cuenca del río, está desviada hacia este punto. A la entrada de este paso, edifican una casucha redonda y otra más a la extremidad opuesta. Están horadadas de hoyos y de hendiduras y la construcción es elegante para este país. Estas casuchas están ocupadas por centinelas que tienen la capacidad de divisar a lo lejos las huellas del enemigo. Tan pronto como han sentido por el olfato la proximidad del enemigo, se precipitan en su dirección echando gritos. Al oír esta llamada, los habitantes de la ciudad se precipitan para prestar ayuda a la fortaleza, armados de arcos, de flechas y de porras. La vivienda del rey ocupa el centro de la fortaleza. Está hundida en parte en la tierra, a causa del calor del sol. Alrededor, están agrupadas las casas de los nobles edificadas ligeramente y cubiertas de ramas. Los indios no permanecen en ellas más que nueve meses en el año, emigrando a las selvas en lo que queda de tiempo, como lo hemos dicho antes. De regreso, ocupan de nuevo sus casas. En caso de encontrarlas incendiadas por sus enemigos, edifican otras con los mismos materiales.

* *La descripción es muy precisa en cuanto a la forma general del pueblo, delimitado por un cercado en situación defensiva permanente. Queda misterioso el modo de vivir de los indios durante los tres meses de invierno en la selva. Laudonnière explica que «ellos siembran lo que es necesario para seis meses y no en grandes cantidades porque durante el invierno se recogen tres o cuatro meses en la selva, donde edifican casitas hechas con palmas para cobijarse y viven allá, alimentándose de bellotas, de pescado que pescan, de ostras, de venados, de pavos y de otros animales, que cazan». (René de Laudonnière, L'HISTOIRE NOTABLE DE LA FLORIDE, 1586).*

Según Swanton (EARLY HISTORY), la dependencia que tenían los indios de Florida con relación al maíz o al mijo que se agotaba al principio del invierno, les obligaba a diseminarse en la selva para cazar y pescar en grupos o individualmente. La fragilidad del equilibrio económico de los timucuas, explica las reacciones negativas que manifestaron a los pedidos abusivos de los franceses, por lo menos en temporada baja.

XXXI. De qué modo los enemigos destruyen la fortaleza, de noche.*

Dominados por el espíritu de venganza, los enemigos se acercan a veces de noche, para ver si acaso las centinelas están dormidas. Al no sentir ningún ruido, se acercan de la fortaleza. La punta de sus flechas está guarnecida preventivamente de musgo seco. Estos guerreros, pegan fuego a este musgo y sus flechas incendian los tejados de las casas que están cubiertas de ramas muy secas por el calor del verano. Cuando han visto que los tejados están en llamas, ellos se retiran rápidamente, antes de que los habitantes se enteren de nada y corren con tanta velocidad que es difícil alcanzarlos. El incendio ocupa bastante los habitantes para darles tiempo de escapar a los incendiarios. Estas son las artimañas que utilizan los indios para destruir las fortalezas de sus enemigos. El daño no es muy grande, puesto que la edificación de nuevas casas no necesita nada más que unas horas de trabajo.

* El incendio a distancia de las chozas y de las malocas por el método descrito aquí, estaba utilizado por casi todos los grupos étnicos del Nuevo Mundo. Los indios tupis del Brasil, utilizaban grandes arcos y disparaban sus flechas con los pies lo que les daba más fuerza y les permitía atacar a una mayor distancia.

XXXII. Castigo de las centinelas descuidadas *

Cuando el pueblo está incendiado por la negligencia de las centinelas, los culpables están castigados del modo siguiente. Ante el rey, solo en su asiento y ante los indios más notables sentados sobre un banco en forma de hemiciclo, el verdugo obliga a los culpables a que se arrodillen. Con el pie izquierdo apoyado en la espalda, les da con ambas manos un porrazo tan fuerte con una porra de palo de ébano o de otra madera afilada de ambos lados, que casi les corta la cabeza en dos partes. Imponen el mismo suplicio a cuantos están acusados de un crimen considerado como capital. Hemos presenciado dos ejecuciones de este tipo.

El grabado, es particularmente impactante por el realismo de la escena. La porra muy parecida a la de los indios del Brasil con fragmentos de sesos y las víctimas con la cabeza rapada de donde chorrea la sangre, son los elementos de una ejecución que infunde cierta repulsión al espectador moderno, pero que no parece afectar a Laudonnière ni tampoco a los tres soldados franceses que la contemplan. Bien es verdad que Laudonnière no mira el cruento espectáculo, lo que se podría interpretar como un movimiento de repulsión, pero nada lo indica en su rostro. Además, es de notar que Le Moyne no hace ningún comentario moral acerca de un castigo que él podría considerar como excesivo y totalmente ajeno a sus convicciones religiosas. En su visión relativista, parece que esta escena espeluznante no pasa de ser sino una interesante costumbre.

XXXIII. De qué manera los indios declaran la guerra *

Cuando un rey quiere declarar la guerra a un enemigo, no recurre a los servicios de un chamán. Manda plantar flechas a cuyas extremidades se atan mechones de cabellos a lo largo de los caminos públicos. Pudimos observarlo cuando llevábamos el rey Utina prisionero, mientras cruzábamos los pueblos de su dependencia para recoger víveres.

* Los rituales guerreros, parecen fundamentales en una cultura que está siempre amenazada y sometida a una inquietud permanente. Las flechas hincadas en el suelo, se pueden interpretar como signos de una provocación o mejor dicho, de un reto dirigido al enemigo. Los mechones de cabello anuncian los futuros trofeos de cabelleras y recuerdan a los enemigos sus anteriores derrotas. Le Moyne, recalca como suele hacerlo en varias ocasiones que fue testigo de todo lo que relata.

XXXIV. Sacrificios de los primogénitos, en medio de ceremonias solemnes *

Los indios suelen ofrecer en sacrificio a su rey, su primogénito de sexo masculino. El día señalado por el monarca, éste se dirige a un lugar escogido para esta ceremonia donde se halla un banco sobre el cual tiene que sentarse. En el centro del terreno, hay un tronco de árbol de dos pies de alto. Delante de este tronco, la madre del niño, en cuclillas y con el rostro ocultado por sus manos, se lamenta de la muerte de su hijo. El más distinguido entre sus padres o entre sus amigos, presenta respetuosamente el niño al rey. Las mujeres que han acompañado a la madre, se sientan formando un círculo, luego bailan cantando alegremente con las dos manos abiertas. La que lleva el niño, se adelanta en medio de ellas, cantando sus alabanzas. Por el otro lado, seis indios escogidos para este fin, se quedan de pie en otra parte del terreno, estando el sacrificador en medio de ellos, con una porra que mantiene solemnemente. Acabadas las ceremonias, el sacrificador toma el niño y lo inmola en el tronco, en honor del rey, en presencia de toda la asistencia. Nosotros, asistimos varias veces a este sacrificio.

* Laudonnière, asiste imperturbable, a un espectáculo cruento y chocante que, según parece, le está explicando el elegante Utina. Los soldados franceses, representados siempre armados aparentan ser, ellos también, totalmente indiferentes a aquella escena, a pesar de su carácter extraordinario y repugnante, que tendría que despertar su indignación. Sin duda, la alianza que los franceses establecieron con los timucuas, explica esta extraña complicidad. Tal vez, sería excesivo atribuir a Laudonnière y a Le Moyne de Morgues, una sorprendente comprensión del relativismo de las culturas. De todos modos, Le Moyne no propone ningún comentario, ninguna explicación a este extraordinario ritual.

XXXV. Consagración solemne del despojo de un venado al sol *

Cada año antes de la primavera es decir a fines de febrero, los súbditos del rey Utina, toman el pellejo de un venado que han cautivado, asiéndole de los cuernos. Después de llenar este pellejo con las plantas más delicadas que crecen en el país, lo cosen en la parte de los cuernos. Del cuello y del vientre del animal, cuelgan las mejores frutas o un velo largo. Con estos adornos, trasladan este monigote en un terreno especial muy amplio, acompañándole con la música de flautas y con cantos armoniosos. El despojo está colocado en la parte superior de un tronco de árbol muy elevado, con la cabeza y el pecho orientados hacia el sol levante. Luego, los indios dirigen plegarias al sol, para que el astro permita que renazcan unas frutas parecidas a las que acaban de ofrecerle. El rey, se halla muy cerca del árbol con el mago que le suele acompañar y enuncia unas palabras, a las cuales responde la muchedumbre reunida un poco más lejos. Luego el rey se retira con su séquito, después de saludar al sol y después de abandonar en su sitio el despojo del venado, hasta el año siguiente. Cada año, se repiten las mismas ceremonias.

En la serie de las «costumbres» de los timucuas y de sus rituales que los indios presentan de modo sistemático a los franceses, ésta no tiene ningún carácter repulsivo. En su comentario, Le Moyne de Morgues no alude a la presencia de los franceses. Sin embargo, se trata sin duda la lámina en la cual se expresa de modo más íntimo la relación amistosa entre el rey Utina y René de Laudonnière. Lo mismo que en los grabados anteriores, Le Moyne de Morgues no intenta dar una posición preferente ni una dimensión mayor al jefe de los franceses. Sin embargo, es de notar que éste va siempre vestido como para una fiesta palaciega. Ambos jefes, en su moda y atuendo rivalizan de elegancia en una muestra y alarde de cohabitación de dos culturas totalmente diferentes.

XXXVI. Ejercicios físicos de la juventud *

Los jóvenes se ejercitan a la carrera. El que corre más largo tiempo, recibe un premio escogido por los mismos competidores. También, suelen ejercitarse a menudo al arco. Disparan las saetas del modo siguiente: en medio del terreno, está hincado un tronco de árbol de ocho o nueve pies de alto en cuya cumbre está fijado una especie de cañizo. Al joven que acierta a alcanzarlo de un flechazo, lo declaran vencedor. Los jóvenes se divierten también pescando y cazando.

La belleza de los indios, su harmoniosa musculatura y sus aptitudes físicas, están presentadas como el resultado de un entrenamiento sistemático como lo hacían los atletas y guerreros de la Antigüedad griega y romana. Tales diversiones, tenían una evidente finalidad guerrera. La composición es voluntariamente algo desordenada, para mostrar la variedad y la intensidad de tales ejercicios, pero la organización del cuadro obedece a pesar de todo, a una evidente armonía en simetría de cada lado del tronco central.

XXXVII. Con qué ceremonia conducen la reina al encuentro del rey *

Cuando el rey quiere casarse, ordena que le elijan entre las jóvenes nobles la más hermosa y grande. Luego, unos indios colocan sobre dos fuertes pértigas un asiento cubierto por la piel de un animal estimado por su rareza. Este asiento, está decorado en el respaldo con ramas incurvadas en su parte superior para ocultar la cabeza de la persona que está sentada. La reina que se ha elegido, es instalada en el asiento y cuatro hombres robustos alzan las pértigas y las cargan en los hombros. Otros, llevan palos en forma de horquillas que se colocan debajo de las pértigas cuando se paran de caminar. De cada lado de la reina, camina un hombre que mueve una elegante sombrilla fijada a la extremidad de una larga manga, para proteger la princesa de los ardores del sol. Por delante, caminan otros hombres soplando en trompas de madera, estrechas en la boquilla y más anchas en la otra extremidad, horadadas con dos hoyos nada más, uno en la parte superior, el otro en la parte inferior. De estos instrumentos, cuelgan unas bolitas de oro, de plata, de cobre que producen un sonido armonioso, al chocarse mútuamente. Luego, se avanzan las jóvenes más hermosas, elegantemente ataviadas, con collares y brazaletes de perlas. Cada una, lleva una canasta llena de los frutos más rebuscados. Sus ombligos y sus caderas, están cubiertos de musgo, para salvaguardar el pudor. Las siguen, los soldados de la guardia.

* En sus observaciones etnológicas Le Moyne se limitó a la «familia real». Por lo tanto, describe unas costumbres que no se pueden generalizar. Es claro que el rey escoge la mujer que más le gusta o que más le conviene, lo cual no difiere mucho de las costumbres de las cortes reales europeas, teniendo en cuenta, sin embargo, que entre los timucuas, se trata más sistemáticamente de endogamia y que no tiene fines políticos. No faltan las ceremonias espectaculares y amenas entre unos salvajes que, según los comentarios de Le Moyne, parecen oscilar entre la barbarie y el refinamiento.

*XXXVIII. Recepción solemne de la reina por el rey**

La reina viene acompañada para ir al encuentro del rey con una gran pomposidad, hasta un lugar especialmente señalado. Allá, ha sido anteriormente alzada una tarima de maderos bastante ámplia. De cada lado, han sido instaladas banquetas destinadas a los nobles. Sentado en la parte derecha, el rey da la bienvenida a la reina que ha tomado asiento a la izquierda y expone por qué razones la escogió como esposa. La reina, mostrando una reserva majestuosa, con un abanico en la mano, contesta al rey de la manera más amable posible y conforme a la educación que recibió. Luego, las jóvenes forman un círculo, sin tener contacto una con otra y cada una tomando una postura diferente. Sus cabellos, flotan encima de los hombros y en la espalda. Un ancho cinturón rodea sus caderas y esconde sus partes íntimas. Este cinturón, está adornado con arracadas de oro y de plata que resuenan mientras estas jóvenes bailan y cantan las alabanzas del rey y de la reina. Cuando una entre ellas levanta la mano, las demás la imitan y pasa lo mismo cuando la baja. Hombres y mujeres, tienen las orejas horadadas y las adornan con diminutas vejigas de pescado, hinchadas, brillantes como perlas, teñidas de rojo y que se parecen a carbúnculos mojados. No deja de sorprender, el hecho de que unos hombres tan bárbaros hayan inventado cosas tan bonitas.

* Es de notar que todas las reuniones o ceremonias, se desarrollan al aire libre. Nada de templos, ni siquiera de grandes malocas. En una cultura de la palabra, es lógico que el rey explique las razones de su elección. Según Le Moyne, la reina, lo mismo que las demás mujeres de alto rango, recibió una educación, relativa al trato con los demás, a los modales y al arte de bailar. El cuadro elaborado por el dibujante, es casi perfectamente simétrico y el baile circular de hermosas mujeres evoca las ninfas de la Antigüedad. Los cabellos tienen una gran importancia en la cultura timucua, tanto como signo de femenidad, como de fuerza varonil. Es de notar, la reflexión final de Le Moyne, siempre admirativo.

XXXIX. Paseos recreativos del rey y de la reina*

A veces al caer la noche, el rey va a dar un paseo en la selva próxima con su primera esposa. El, está vestido con una piel de venado delicadamente curtida y pintada con colores incomparables. A ambos lados de su persona, dos adolescentes agitan sombrillas para darle aire. Un tercero, con el cinturón adornado de bolas de plata, sostiene la vestidura del rey para que no roce con el suelo. La reina y las doncellas que la acompañan, están ataviadas con una especie de musgo que crece en los árboles y que les cae desde los hombros. Este musgo, está entrelazado en trenzas muy ligeras, formando cadenitas, cuyo color se aparente al azul del cielo; son tan bonitas que parecen ser mechas de seda. Los árboles, adornados por aquel musgo, ofrecen una agradable visión, pues a menudo, se derrama desde la cumbre hasta el suelo. Los hemos visto a menudo, cuando fuimos a cazar con nuestros compañeros en las selvas próximas del pueblo de Saturiona. Todos estos reyezuelos, lo mismo que sus esposas, se hacen sobre la piel del cuerpo, unas picaduras que dibujan una clase de pintura. Estas picaduras, a veces les provoca una enfermedad que dura siete u ocho días. Frotan las partes picadas, con una clase de hierba cuyo jugo da un tinte imborrable. Piensan que también se embellecen, al dejar crecer las uñas de las manos y de los pies y cortan las partes laterales para que estén más puntiagudos. También, se pintan el contorno de la boca con un color azul celeste.

Todo es quietud, belleza y armonía en este desfile despreocupado de cuatro personages masculinos, seguidos por cuatro mujeres, ligeramente atrás. El cuadro, propone una cultura del ocio, la de los nuevos dioses, muy preocupados de su apariencia, moviéndose en un entorno idílico.

Le Moyne alude de modo un poco superficial, pero que supone una observación detallada, a las cualidades artísticas de las prendas de vestir, de los tatuajes, de las pinturas de la cara y de las joyas. La descripción del modo de tatuar, es particularmente precisa. El cuerpo del rey es atlético y dispuesto. Camina hacia adelante, afectando una postura halagüeña, con la mano en la cadera, con la mirada perdida. El exotismo de sus tatuajes y la piel de venado que lo cubre con elegancia, se añaden al ideal estético característico del Renacimiento. La reina, casi desnuda, se parece a un belleza europea, a una Venus de Lucas Cranach, adoptando la posición serpentina del Manierismo.

XL. Ceremonias funerarias en honor de los reyes y de los sacerdotes *

Cuando muere un rey en este país, lo sepultan con gran solemnidad. La copa en la que solía beber está depositada sobre su tumba, la cual está rodeada de flechas hincadas en el suelo. Sus súbditos llevan el luto durante tres días y tres noches, sin comer ni beber nada. Todos sus amigos, hacen lo mismo y para manifestar su afecto hacia el difunto, hombres y mujeres se cortan el pelo a más de la mitad. Durante las seis lunas siguientes, unas mujeres especialmente destinadas a esta tarea, lloran la muerte del rey sin ahorrar los aullidos, al despuntar el día, a mediodía y cuando cae la noche. Prenden fuego a todas las pertenencias del rey que habían juntado en su casa y de esta manera, todo se consume con las llamas. Hacen lo mismo, con los sacerdotes.

* Para completar las grandes ceremonias, no podían faltar las que acompañan la muerte. Fuera del pueblo, el túmulo es sencillo. Parece que no les importa a los indios, los monumentos o los signos duraderos para memorizar acontecimientos o individuos, por lo cual no dejó de sorprenderles la columna con las armas de Francia. Viven una historia inmediata. Las manifestaciones del duelo no difieren mucho de las europeas. Como en el caso de la ceremonia del matrimonio, la composición del grabado es circular. Todo la población está reunida mientras que en el pueblo arde la casa del difunto.

XLI. *Cómo se recoge el oro en los ríos que bajan de los montes Apalaches* *

No lejos del lugar donde construimos nuestro fuerte, se yerguen sierras elevadas, llamadas Apalacty en el idioma de los Indios. Se puede observar en nuestro mapa que en estas montañas nacen tres ríos que llevan arena, en la cual están mezclados mucho oro, plata y cobre. Los indígenas, cavan canales a orillas de los ríos, donde recogen la arena llevada por el agua. Ellos recogen esta agua y la vacían en un lugar cercano. Luego, los indios apuran los canales de la arena que se depositó en el fondo, la cargan en unos barcos y bajan la corriente del gran río que desemboca en el mar y al que dimos el nombre de Mayo. Los españoles, han conseguido adueñarse de las riquezas, procedentes de aquellos lugares.

* Ese modo de recoger el oro que, al parecer, se encuentra en escasa cantidad en la arena de los ríos, no difiere mucho de los procedimientos utilizados en Europa. En realidad, no había mucho oro en dicha región y los indios no ostentaban joyas de este metal. Pero el mito, perseguía a todos los colonizadores. La última frase, algo nostálgica, alude a la pérdida de la Florida y a la añoranza de lo que, en la época en que fue escrita, permanecía en manos del enemigo español. Este cuadro muestra una vez más que los indios, en cualquier situación, siguen jóvenes y dispuestos y constituyen verdaderos modelos de belleza clásica.

XLII. Asesinato del francés Pierre de Gambié *

En nuestro relato hablamos de un tal Pierre de Gambié, comisionado por Laudonnière. Transportaba sus mercancías por todo el país para venderlas, y había acertado de tal modo en este comercio, que no sólo se había enriquecido sino que había hecho alianza con un rey de la región. Este rey, le dio permiso de salir para reunirse con nosotros cuando manifestó este deseo, con tal de que regresara después de cierto número de lunas. Le dio una canoa, donde amontonaron sus riquezas y dos indios para acompañarlo. Sus compañeros de viaje, lo aporrearon mientras él estaba cebando el fuego. Ellos tenían dos motivos para hacer eso: el primero era la venganza —pues Gambié había matado uno de ellos a garrotazos mientras administraba los negocios del rey durante su ausencia—, el segundo, la codicia. Después de apoderarse de las riquezas acumuladas en la canoa, se dieron a la fuga. Ese suceso, quedó desconocido por largo tiempo. Este grabado ha sido trasladado al final, para no interrumpir el orden de la serie anterior. Hubiéramos prescindido de reproducirlo, si el autor del relato no hubiera comentado estos acontecimientos.

* Al final de una serie que exalta una colonización acertada y pacífica, esta escena que según el editor, viene añadida, rompe la visión idealizada de las relaciones entre los franceses y los timucuas. La organización del cuadro se aparenta mucho a una ejecución capital, practicada además por un hacha de fabricación francesa! El fuego que se enciende en el interior de la canoa para luchar contra el frío, recuerda costumbres similares de los indios canoeros del estrecho de Magallanes. Este asesinato evoca, aunque muy indirectamente, la tragedia que puso fin a la aventura de los calvinistas franceses.

Thank you for acquiring

La Colonia Francesa de Florida (1562-1565)

from the
Stockcero collection of Spanish and Latin American significant books of the past and present.

This book is one of a large and ever-expanding list of titles Stockcero regards as classics of Spanish and Latin American literature, history, economics, and cultural studies. A series of important books are being brought back into print with modern readers and students in mind, and thus including updated footnotes, prefaces, and bibliographies.

We invite you to look for more complete information on our website, **www.stockcero.com**, where you can view a list of titles currently available, as well as those in preparation. On this website, you may register to receive desk copies, view additional information about the books, and suggest titles you would like to see brought back into print. We are most eager to receive these suggestions, and if possible, to discuss them with you. Any comments you wish to make about Stockcero books would be most helpful.

The Stockcero website will also provide access to an increasing number of links to critical articles, libraries, databanks, bibliographies and other materials relating to the texts we are publishing.

By registering on our website, you will allow us to inform you of services and connections that will enhance your reading and teaching of an expanding list of important books.

You may additionally help us improve the way we serve your needs by registering your purchase at:
http://www.stockcero.com/bookregister.htm

CPSIA information can be obtained
at www.ICGtesting.com
Printed in the USA
LVIC04n2144200414
382513LV00010B/27